I Sapori della Thailandia 2023

Scopri i Sapori dell'Oriente con Facili Ricette Thai

Somchai Wong

Riepilogo

Gamberi con salsa al litchi *10*
Gamberoni fritti con mandarini *11*
Gamberi con salsa tritata *12*
Gamberi con funghi cinesi *13*
Gamberi e piselli fritti *14*
Gamberi con chutney di mango *15*
Polpette di gamberi fritte con salsa di cipolle *16*
Gamberi al mandarino con piselli *17*
Gamberoni alla pechinese *18*
Gamberi con peperoni *19*
Gamberi fritti con carne di maiale *20*
Granchio reale fritto con salsa allo sherry *21*
gamberi fritti con semi di sesamo *23*
Gamberi cotti al vapore nei loro gusci *24*
Gamberetto fritto *25*
tempura di gamberi *25*
sotto gomma *26*
Gamberi con tofu *27*
Gamberi con pomodorini *28*
Gamberi con salsa di pomodoro *29*
Gamberi con pomodorini e salsa chili *30*
Gamberi fritti con salsa di pomodoro *31*
Gamberi con verdure *32*
Gamberi con castagne d'acqua *33*
Wonton di gamberetti *34*
con pollo all'abalone *35*
Abalone con asparagi *36*
Abalone con funghi *38*
Abalone con salsa di ostriche *39*
vongole al vapore *39*
Cozze con germogli di soia *40*
Cozze con zenzero e aglio *41*

vongole fritte 42
torte di granchio 43
Crema contro il cancro 44
Polpa di granchio cinese con foglie 45
Foo Yung granchio con germogli di soia 46
granchio allo zenzero 47
Granchio Lo Mein 48
Granchio fritto con carne di maiale 49
Polpa di granchio al vapore 50
Polpette di calamari fritti 51
Astice alla cantonese 52
aragosta fritta 53
Astice al vapore con prosciutto 54
Astice con funghi 55
Coda di aragosta con carne di maiale 56
aragosta fritta 58
nidi di aragosta 59
Cozze in salsa di fagioli neri 60
Cozze allo zenzero 61
Cozze al vapore 62
ostriche fritte 63
Ostriche con pancetta 64
Ostriche fritte con zenzero 65
Ostriche con salsa di fagioli neri 66
Capesante con germogli di bambù 67
Capesante con uova 68
Capesante con broccoli 69
Capesante allo zenzero 71
cozze con prosciutto 72
Uova strapazzate con capesante ed erbe aromatiche 73
Cozze e cipolle arrosto 74
Capesante con verdure 75
Capesante alla paprika 77
Calamari con germogli di soia 78
calamaro fritto 79
Pacchetti di calamari 80

Involtini Di Calamari Fritti *81*
calamaro fritto *82*
Calamari con funghi secchi *83*
Calamari con verdure *84*
Spezzatino di manzo all'anice *85*
Vitello con asparagi *86*
Manzo con germogli di bambù *87*
Manzo con germogli di bambù e funghi *88*
Brasato di manzo cinese *89*
Manzo con germogli di soia *90*
Manzo con broccoli *92*
Manzo al sesamo con broccoli *93*
Carne grigliata *94*
Carne cantonese *95*
Manzo con carote *96*
Manzo con anacardi *97*
Fornello lento di manzo *98*
Manzo con cavolfiore *99*
Vitello con sedano *100*
Fette di roast beef con sedano *101*
Tagliata di manzo con pollo e sedano *102*
Carne con peperoncino *104*
Cavolo cinese di manzo *105*
Braciola Di Vitello Suey *106*
manzo con cetriolo *108*
carne chow mein *109*
bistecca di cetriolo *110*
Arrosto di manzo al curry *111*
abalone in salamoia *113*
Germogli di bambù al vapore *114*
Pollo al cetriolo *115*
pollo al sesamo *116*
Litchi allo zenzero *117*
Ali di pollo bollite rosse *118*
Polpa di granchio con cetriolo *119*
funghi in salamoia *120*

Funghi all'aglio marinati *121*
Gamberi e cavolfiore *122*
Bastoncini di prosciutto al sesamo *123*
tofu freddo *124*
Pollo con pancetta *125*
Patatine fritte di pollo e banana *126*
Pollo allo zenzero e funghi *127*
pollo e prosciutto *129*
Fegato di pollo alla griglia *130*
Polpette di granchio con castagne d'acqua *131*
dim somma *132*
Involtini di pollo e prosciutto *133*
Riccioli di prosciutto cotto *135*
pesce pseudo affumicato *136*
funghi al vapore *138*
Funghi in salsa di ostriche *139*
Rotolo di maiale e insalata *140*
Polpette di maiale e castagne *142*
Gnocchi di maiale *143*
Polpette di maiale e manzo *144*
gamberi farfalla *145*
gambero cinese *146*
nuvole di drago *147*
gamberi croccanti *148*
Gamberi con salsa allo zenzero *149*
Involtini di pasta e gamberi *150*
toast ai gamberetti *152*
Wonton di maiale e gamberi con salsa agrodolce *153*
Zuppa di pollo *155*
Zuppa di maiale e germogli di soia *156*
Zuppa di abalone e funghi *157*
Zuppa di pollo e asparagi *159*
Zuppa di manzo *160*
Zuppa cinese di manzo e foglie *161*
Zuppa di cavoli *162*
Zuppa di manzo piccante *163*

zuppa celeste 165
Zuppa di pollo e germogli di bambù 166
Zuppa di pollo e mais 167
Zuppa di pollo e zenzero 168
Zuppa di pollo ai funghi cinesi 169
Zuppa di pollo e riso 170
Zuppa di pollo e cocco 171
Zuppa di vongole 172
zuppa di uova 173
Zuppa di granchio e vongole 174
zuppa di granchio 176
Zuppa di pesce 177
Zuppa di pesce e insalata 178
Zuppa di zenzero con polpette 180
zuppa calda e acida 181
Zuppa di funghi 182
Zuppa di funghi e cavolo 183
Zuppa di uova ai funghi 184
Zuppa di funghi e castagne con acqua 185
Zuppa di maiale e funghi 186
Zuppa di maiale e crescione 187
Zuppa di cetrioli di maiale 188
Zuppa con polpette e pasta 189
Zuppa di spinaci e tofu 190
Succo di mais dolce e granchio 191
Zuppa di Szechuan 192
zuppa di tofu 194
Zuppa di pesce e tofu 195
Zuppa di pomodoro 196
Zuppa di pomodoro e spinaci 197
zuppa di rape 198
Minestra 199
zuppa vegetariana 200
zuppa di crescione 201
Pesce fritto con verdure 202
Pesce intero fritto 204

Pesce di soia al vapore 205
Pesce di soia con salsa di ostriche 206
branzino al vapore 208
Pesce al vapore con funghi 209
pesce in agrodolce 211
Pesce ripieno di maiale 213
Carpa speziata al vapore 215

Gamberi con salsa al litchi

Serve 4

50 g / 2 oz / ¬Ω una tazza (per tutti gli usi)

Farina

2,5 ml / ¬Ω cucchiaino di sale

1 uovo, leggermente sbattuto

30 ml / 2 cucchiai d'acqua

450 g di gamberi sgusciati

friggiamo l'olio

30 ml / 2 cucchiai di olio di arachidi (arachidi).

2 fette di radice di zenzero, tritate

30 ml / 2 cucchiai di aceto di vino

5 ml / 1 cucchiaino di zucchero

2,5 ml / ¬Ω cucchiaino di sale

15 ml / 1 cucchiaio di salsa di soia

200 g di litchi in scatola, scolati

Impastate la farina, il sale, l'uovo e l'acqua fino ad ottenere un impasto, se necessario aggiungete un po' d'acqua. Mescolare con i gamberi fino a quando non saranno ben ricoperti. Scaldare l'olio e friggere i gamberi fino a doratura e croccanti in pochi minuti. Scolateli su carta da cucina e metteteli in una ciotola ben calda. Nel frattempo scaldare l'olio e friggere lo zenzero per 1 minuto.

Aggiungere l'aceto di vino, lo zucchero, il sale e la salsa di soia. Aggiungere i litchi e mescolare finché non sono caldi e ricoperti di salsa. Versare sopra i gamberi e servire subito.

Gamberoni fritti con mandarini

Serve 4

60 ml / 4 cucchiai di olio di arachidi (arachidi).
1 spicchio d'aglio, schiacciato
1 fetta di radice di zenzero, tritata
450 g di gamberi sgusciati
30 ml / 2 cucchiai di vino di riso o sherry secco 30 ml / 2 cucchiai di salsa di soia
15 ml / 1 cucchiaio di farina di mais (umido di mais)
45 ml / 3 cucchiai d'acqua

Scaldare l'olio e friggere l'aglio e lo zenzero fino a doratura. Aggiungere i gamberi e friggere per 1 minuto. Aggiungere il vino o lo sherry e mescolare bene. Aggiungere la salsa di soia, l'amido di mais e l'acqua e cuocere a fuoco lento per 2 minuti.

Gamberi con salsa tritata

Serve 4

5 funghi cinesi secchi

225 g di germogli di soia

60 ml / 4 cucchiai di olio di arachidi (arachidi).

5 ml / 1 cucchiaino di sale

2 gambi di sedano, tritati

4 cipollotti (scalogno), tritati

2 spicchi d'aglio, tritati

2 fette di radice di zenzero, tritate

60 ml / 4 cucchiai d'acqua

15 ml / 1 cucchiaio di salsa di soia

15 ml / 1 cucchiaio di vino di riso o sherry secco

225 g taccole (piselli)

225 g di gamberi sgusciati

15 ml / 1 cucchiaio di farina di mais (amido di mais)

Immergere i funghi in acqua tiepida per 30 minuti, quindi filtrare. Rimuovere i gambi e tagliare le cime. Sbollentare i germogli di soia in acqua bollente per 5 minuti, quindi scolarli bene. Scaldare metà dell'olio e soffriggere il sale, il sedano, il cipollotto ei germogli di soia per 1 minuto, quindi togliere dalla padella. Riscaldare l'olio rimanente e soffriggere l'aglio e lo zenzero fino a doratura. Aggiungere metà dell'acqua, salsa di soia, vino o sherry, taccole e gamberetti, portare a ebollizione e cuocere a fuoco lento per 3 minuti. Unire l'amido di mais e l'acqua rimanente, unire nella padella e mescolare finché la salsa non si addensa. Rimettere le verdure nella padella, cuocere a fuoco lento. Servire subito.

Gamberi con funghi cinesi

Serve 4

8 funghi cinesi secchi
45 ml / 3 cucchiai di olio di arachidi (arachidi).
3 fette di radice di zenzero, tritate
450 g di gamberi sgusciati
15 ml / 1 cucchiaio di salsa di soia
5 ml / 1 cucchiaino di sale
60 ml / 4 cucchiai di succo di pesce

Immergere i funghi in acqua tiepida per 30 minuti, quindi filtrare. Rimuovere i gambi e tagliare le cime. Scaldare metà dell'olio e friggere lo zenzero fino a doratura. Aggiungere i gamberi, la salsa di soia e il sale e friggere fino a quando l'olio sarà evaporato, quindi togliere dalla padella. Riscaldare l'olio rimanente e friggere i funghi fino a coprirli. Aggiungere il brodo, portare a ebollizione, coprire e cuocere a fuoco lento per 3 minuti. Riporta i gamberi nella padella e mescola fino a quando non si saranno riscaldati.

Gamberi e piselli fritti

Serve 4

450 g di gamberi sgusciati
5 ml / 1 cucchiaino di olio di sesamo
5 ml / 1 cucchiaino di sale
30 ml / 2 cucchiai di olio di arachidi (arachidi).
1 spicchio d'aglio, schiacciato
1 fetta di radice di zenzero, tritata
225 g di piselli surgelati o sbollentati, scongelati
4 cipollotti (scalogno), tritati

30 ml / 2 cucchiai d'acqua

sale pepe

Mescolare i gamberi con l'olio di sesamo e il sale. Scaldare l'olio e soffriggere l'aglio e lo zenzero per 1 minuto. Aggiungere i gamberi e saltare per 2 minuti. Aggiungere i piselli e cuocere a fuoco lento per 1 minuto. Aggiungere i cipollotti e l'acqua, condire con sale, pepe e un po' di olio di sesamo a piacere. Prima di servire, riscaldarlo mescolando con cura.

Gamberi con chutney di mango

Serve 4

12 gamberetti

sale pepe

Succo di 1 limone

30 ml / 2 cucchiai di farina di mais (amido di mais)

1 mango

5 ml / 1 cucchiaino di senape in polvere

5 ml / 1 cucchiaino di miele

30 ml / 2 cucchiai di crema di cocco

30 ml / 2 cucchiai di curry delicato in polvere

120 ml di brodo di pollo

45 ml / 3 cucchiai di olio di arachidi (arachidi).

2 spicchi d'aglio, tritati

2 cipollotti (scalogno), tritati

1 finocchio, macinato

100 g di chutney di mango

Sgusciare i gamberi, lasciando intatte le code. Cospargere con sale, pepe e succo di limone, quindi cospargere metà dell'amido di mais. Sbucciare il mango, tagliare la polpa dall'osso, quindi tagliarlo a cubetti. Mescolare la senape, il miele, la crema di cocco, il curry, l'amido di mais rimanente e il brodo. Scaldare metà dell'olio e soffriggere l'aglio, il cipollotto e il finocchio per 2 minuti. Aggiungere il brodo, portare a ebollizione e cuocere a fuoco lento per 1 minuto. Aggiungere i cubetti di mango e la salsa piccante, portare a ebollizione a fuoco basso, quindi mettere su un piatto caldo. Riscaldare l'olio rimanente e cuocere a vapore i gamberi per 2 minuti. Disporre sopra le verdure e servire subito.

Polpette di gamberi fritte con salsa di cipolle

Serve 4

3 uova, leggermente sbattute

45 ml / 3 cucchiai di farina (per tutti gli usi).

sale e pepe macinato fresco

450 g di gamberi sgusciati

friggiamo l'olio

15 ml / 1 cucchiaio di olio di arachidi (arachidi).

2 cipolle, tritate

15 ml / 1 cucchiaio di farina di mais (amido di mais)

30 ml / 2 cucchiai di salsa di soia

175 ml / 6 fl oz / ¬œ tazza di acqua

Mescolare le uova, la farina, il sale e il pepe. Immergere i gamberi nella pastella. Scaldare l'olio e friggere i gamberi fino a doratura. Nel frattempo, scaldare l'olio e soffriggere la cipolla per 1 minuto. Mescolare il resto degli ingredienti fino a ottenere una schiuma, aggiungere la cipolla e cuocere, mescolando, fino a quando la salsa non si addensa. Scolare i gamberi e sistemarli in una ciotola calda. Versare sopra la salsa e servire subito.

Gamberi al mandarino con piselli

Serve 4

60 ml / 4 cucchiai di olio di arachidi (arachidi).
1 spicchio d'aglio, tritato
1 fetta di radice di zenzero, tritata
450 g di gamberi sgusciati
30 ml / 2 cucchiai di vino di riso o sherry secco
225 g di piselli surgelati, scongelati
30 ml / 2 cucchiai di salsa di soia
15 ml / 1 cucchiaio di farina di mais (amido di mais)
45 ml / 3 cucchiai d'acqua

Scaldare l'olio e friggere l'aglio e lo zenzero fino a doratura. Aggiungere i gamberi e friggere per 1 minuto. Aggiungere il vino o lo sherry e mescolare bene. Aggiungere i piselli e cuocere a fuoco lento per 5 minuti. Aggiungere gli altri ingredienti e friggere per 2 minuti.

Gamberoni alla pechinese

Serve 4

30 ml / 2 cucchiai di olio di arachidi (arachidi).
2 spicchi d'aglio, tritati
1 fetta di radice di zenzero, tritata finemente

225 g di gamberi sgusciati
4 cipollotti (scalogno), tagliati a fette spesse
120 ml di brodo di pollo
5 ml / 1 cucchiaino di zucchero di canna
5 ml / 1 cucchiaino di salsa di soia
5 ml / 1 cucchiaino di salsa hoisin
5 ml / 1 cucchiaino di salsa Tabasco

Scaldare l'olio con l'aglio e lo zenzero e friggere fino a quando l'aglio è leggermente dorato. Aggiungere i gamberi e friggere per 1 minuto. Aggiungere l'erba cipollina e soffriggere per 1 minuto. Aggiungere gli altri ingredienti, portare a ebollizione, coprire e cuocere a fuoco lento per 4 minuti, mescolando di tanto in tanto. Controlla il condimento e aggiungi un altro po' di tabasco se lo desideri.

Gamberi con peperoni

Serve 4

30 ml / 2 cucchiai di olio di arachidi (arachidi).
1 peperone verde, a dadini
450 g di gamberi sgusciati

10 ml / 2 cucchiaini di farina di mais (amido di mais)

60 ml / 4 cucchiai d'acqua

5 ml / 1 cucchiaino di vino di riso o sherry secco

2,5 ml / ½ cucchiaino di sale

45 ml / 2 cucchiai di concentrato di pomodoro √ © e (pasta)

Scaldare l'olio e friggere il peperone per 2 minuti. Aggiungere i gamberi e il concentrato di pomodoro e mescolare bene. Mescolare l'acqua di farina di mais, il vino o lo sherry e il sale per formare una pasta, mescolare nella padella e continuare a mescolare fino a quando la salsa si schiarisce e si addensa.

Gamberi fritti con carne di maiale

Serve 4

225 g di gamberi sgusciati

100 g di maiale magro, tritato

60 ml / 4 cucchiai di vino di riso o sherry secco

1 albume d'uovo

45 ml / 3 cucchiai di farina di mais (amido di mais)

5 ml / 1 cucchiaino di sale

15 ml / 1 cucchiaio di acqua (opzionale)

90 ml / 6 cucchiai di olio di arachidi (arachidi).

45 ml / 3 cucchiai di succo di pesce

5 ml / 1 cucchiaino di olio di sesamo

Metti i gamberi e il maiale in ciotole separate. Mescolare 45 ml/3 cucchiai di vino o sherry, albume d'uovo, 30 ml/2 cucchiai di amido di mais e sale fino a che liscio, aggiungendo acqua se necessario. Dividi il composto tra il maiale e i gamberi e mescola bene per ricoprire uniformemente. Riscaldare l'olio e friggere il maiale e i gamberi fino a doratura in pochi minuti. Togliere dalla padella e versare tutto tranne 15 ml / 1 cucchiaio di olio. Aggiungere il brodo nella padella con il resto del vino o dello sherry e l'amido di mais. Portare a ebollizione e cuocere a fuoco lento, mescolando, fino a quando la salsa si addensa. Versare sopra i gamberi e il maiale e servire conditi con olio di sesamo.

Granchio reale fritto con salsa allo sherry

Serve 4

50 g / 2 oz / ¬Ω tazza di farina per tutti gli usi.

2,5 ml / ¬Ω cucchiaino di sale

1 uovo, leggermente sbattuto

30 ml / 2 cucchiai d'acqua

450 g di gamberi sgusciati

friggiamo l'olio

15 ml / 1 cucchiaio di olio di arachidi (arachidi).

1 cipolla, tritata finemente

45 ml / 3 cucchiai di vino di riso o sherry secco

15 ml / 1 cucchiaio di salsa di soia

120 ml / 4 fl oz / ¬Ω tazza di succo di pesce

10 ml / 2 cucchiaini di farina di mais (amido di mais)

30 ml / 2 cucchiai d'acqua

Impastate la farina, il sale, l'uovo e l'acqua fino ad ottenere un impasto, se necessario aggiungete un po' d'acqua. Mescolare con i gamberi fino a quando non saranno ben ricoperti. Scaldare l'olio e friggere i gamberi fino a doratura e croccanti in pochi minuti. Scolateli su carta da cucina e metteteli in una ciotola ben calda. Nel frattempo, scaldare l'olio e soffriggere la cipolla fino a renderla morbida. Aggiungere il vino o lo sherry, la salsa di soia e il brodo, portare a ebollizione e cuocere a fuoco lento per 4 minuti. Mescolare la farina di mais e l'acqua fino a formare una pasta, mescolare nella padella e continuare a mescolare fino a quando la salsa è chiara e addensata. Versare la salsa sui gamberi e servire.

gamberi fritti con semi di sesamo

Serve 4

450 g di gamberi sgusciati
¬Ω albume d'uovo
5 ml / 1 cucchiaino di salsa di soia
5 ml / 1 cucchiaino di olio di sesamo
50 g / 2 once / ¬Ω tazza di farina di mais (amido di mais)
sale e pepe bianco macinato fresco
friggiamo l'olio
60 ml / 4 cucchiai di semi di sesamo
Foglie di insalata

Mescolare i gamberi con l'albume, la salsa di soia, l'olio di sesamo, l'amido di mais, il sale e il pepe. Aggiungere un po' d'acqua se il composto è troppo denso. Scaldare l'olio e friggere i gamberi per qualche minuto fino a quando non saranno leggermente dorati. Nel frattempo, tostare brevemente i semi di sesamo in una padella asciutta fino a doratura. Scolare i gamberi e mescolarli con i semi di sesamo. Servire su un letto di insalata.

Gamberi cotti al vapore nei loro gusci

Serve 4

60 ml / 4 cucchiai di olio di arachidi (arachidi).

750 g di gamberi sgusciati

3 cipollotti (scalogno), tritati

3 fette di radice di zenzero, tritate

2,5 ml / ½ cucchiaino di sale

15 ml / 1 cucchiaio di vino di riso o sherry secco

120 ml / 4 fl oz / ½ tazza di ketchup (ketchup)

15 ml / 1 cucchiaio di salsa di soia

15 ml / 1 cucchiaio di zucchero

15 ml / 1 cucchiaio di farina di mais (amido di mais)

60 ml / 4 cucchiai d'acqua

Riscaldare l'olio e friggere i gamberi per 1 minuto se cotti o finché non diventano rosa se crudi. Aggiungere il cipollotto, lo zenzero, il sale e il vino o lo sherry e soffriggere per 1 minuto. Aggiungere il ketchup, la salsa di soia e lo zucchero e cuocere a fuoco lento per 1 minuto. Mescolare l'amido di mais e l'acqua, versare nella padella e cuocere a fuoco lento, mescolando, fino a quando la salsa si schiarisce e si addensa.

Gamberetto fritto

Serve 4

75 g / 3 oz / tazza colma di farina di mais (amido di mais)
1 albume d'uovo
5 ml / 1 cucchiaino di vino di riso o sherry secco
Sale
350 g di gamberi sgusciati
friggiamo l'olio

Mescolare l'amido di mais, gli albumi, il vino o lo sherry e un pizzico di sale fino a formare una pastella densa. Immergere i gamberi nella pastella fino a ricoprirli bene. Scaldare l'olio e friggere i gamberi fino a doratura in pochi minuti. Togliere dall'olio, scaldare fino a caldo, quindi friggere nuovamente i gamberi fino a renderli croccanti e dorati.

tempura di gamberi

Serve 4

450 g di gamberi sgusciati

30 ml / 2 cucchiai di farina (per tutti gli usi).

30 ml / 2 cucchiai di farina di mais (amido di mais)

30 ml / 2 cucchiai d'acqua

2 uova sbattute

friggiamo l'olio

Tagliare i gamberi a metà sulla curva interna e aprirli a formare una farfalla. Impastare la farina, la maizena e l'acqua fino a formare un impasto, quindi aggiungere le uova. Scaldare l'olio e friggere i gamberi fino a doratura.

sotto gomma

Serve 4

30 ml / 2 cucchiai di olio di arachidi (arachidi).

2 cipollotti (scalogno), tritati

1 spicchio d'aglio, schiacciato

1 fetta di radice di zenzero, tritata

100 g di petto di pollo tagliato a striscioline

100 g di prosciutto, tagliato a listarelle

100 g di germogli di bambù tagliati a listarelle

100 g castagne d'acqua tagliate a striscioline

225 g di gamberi sgusciati

30 ml / 2 cucchiai di salsa di soia

30 ml / 2 cucchiai di vino di riso o sherry secco

5 ml / 1 cucchiaino di sale

5 ml / 1 cucchiaino di zucchero

5 ml / 1 cucchiaino di farina di mais (amido di mais)

Scaldare l'olio e soffriggere i cipollotti, l'aglio e lo zenzero fino a doratura. Aggiungere il pollo e friggere per 1 minuto. Aggiungere il prosciutto, i germogli di bambù e le castagne d'acqua e friggere per 3 minuti. Aggiungere i gamberi e friggere per 1 minuto. Aggiungi salsa di soia, vino o sherry, sale e zucchero e fai sobbollire per 2 minuti. Mescolate la maizena con un po' d'acqua, versatela nella padella e cuocetela a fuoco basso, mescolando, per 2 minuti.

Gamberi con tofu

Serve 4

45 ml / 3 cucchiai di olio di arachidi (arachidi).

225 g di tofu a cubetti

1 cipollotto (cipolla), tritato finemente

1 spicchio d'aglio, schiacciato

15 ml / 1 cucchiaio di salsa di soia

5 ml / 1 cucchiaino di zucchero

90 ml / 6 cucchiai di succo di pesce

225 g di gamberi sgusciati

15 ml / 1 cucchiaio di farina di mais (amido di mais)

45 ml / 3 cucchiai d'acqua

Scaldate metà dell'olio e friggete il tofu finché non sarà leggermente dorato, quindi toglietelo dalla padella. Scaldare l'olio rimanente e soffriggere il cipollotto e l'aglio fino a doratura. Aggiungere la salsa di soia, lo zucchero e il brodo e portare a ebollizione. Aggiungere i gamberi e mescolare a fuoco basso per 3 minuti. Mescolare la farina di mais e l'acqua fino a quando non diventa una pasta, mescolarla nella padella e cuocere a fuoco lento, mescolando, fino a quando la salsa si addensa. Riporta il tofu nella padella e fai sobbollire caldo.

Gamberi con pomodorini

Serve 4

2 albumi d'uovo

30 ml / 2 cucchiai di farina di mais (amido di mais)

5 ml / 1 cucchiaino di sale

450 g di gamberi sgusciati

friggiamo l'olio
30 ml / 2 cucchiai di vino di riso o sherry secco
225 g di pomodori, sbucciati, privati del torsolo e tritati

Mescolare gli albumi, la maizena e il sale. Aggiungere i gamberi fino a quando non saranno ben ricoperti. Scaldare l'olio e friggere i gamberi fino a cottura. Versare tutto tranne 15 ml/1 cucchiaio di olio e scaldare. Aggiungere il vino o lo sherry e i pomodori e portare a ebollizione. Aggiungere i gamberi e riscaldare rapidamente prima di servire.

Gamberi con salsa di pomodoro

Serve 4

30 ml / 2 cucchiai di olio di arachidi (arachidi).
1 spicchio d'aglio, schiacciato
2 fette di radice di zenzero, tritate
2,5 ml / ¬Ω cucchiaino di sale
15 ml / 1 cucchiaio di vino di riso o sherry secco
15 ml / 1 cucchiaio di salsa di soia
6 ml / 4 cucchiai di ketchup
120 ml / 4 fl oz / ¬Ω tazza di succo di pesce
350 g di gamberi sgusciati
10 ml / 2 cucchiaini di farina di mais (amido di mais)
30 ml / 2 cucchiai d'acqua

Scaldare l'olio e soffriggere l'aglio, lo zenzero e il sale per 2 minuti. Aggiungere il vino o lo sherry, la salsa di soia, il ketchup e il brodo e portare a ebollizione. Aggiungere i gamberi, coprire e cuocere per 2 minuti. Mescolare la farina di mais e l'acqua in una pasta, versarla nella padella e cuocere a fuoco lento, mescolando, fino a quando la salsa si schiarisce e si addensa.

Gamberi con pomodorini e salsa chili

Serve 4

60 ml / 4 cucchiai di olio di arachidi (arachidi).
15 ml / 1 cucchiaio di zenzero macinato
15 ml / 1 cucchiaio di aglio tritato
15 ml / 1 cucchiaio di erba cipollina tritata
60 ml / 4 cucchiai di concentrato di pomodoro √ © e (pasta)
15 ml / 1 cucchiaio di salsa piccante
450 g di gamberi sgusciati
15 ml / 1 cucchiaio di farina di mais (amido di mais)
15 ml / 1 cucchiaio di acqua

Scaldare l'olio e soffriggere lo zenzero, l'aglio e il cipollotto per 1 minuto. Aggiungere il concentrato di pomodoro e la salsa piccante e mescolare bene. Aggiungere i gamberi e saltare per 2 minuti. Mescolare la farina di mais e l'acqua fino a che liscio, aggiungere nella padella e cuocere a fuoco lento fino a quando la salsa si addensa. Servire subito.

Gamberi fritti con salsa di pomodoro

Serve 4

50 g / 2 oz / ¬Ω tazza di farina per tutti gli usi.

2,5 ml / ¬Ω cucchiaino di sale

1 uovo, leggermente sbattuto

30 ml / 2 cucchiai d'acqua

450 g di gamberi sgusciati

friggiamo l'olio

30 ml / 2 cucchiai di olio di arachidi (arachidi).

1 cipolla, tritata finemente

2 fette di radice di zenzero, tritate

75 ml / 5 cucchiai di ketchup

10 ml / 2 cucchiaini di farina di mais (amido di mais)

30 ml / 2 cucchiai d'acqua

Impastate la farina, il sale, l'uovo e l'acqua fino ad ottenere un impasto, se necessario aggiungete un po' d'acqua. Mescolare con i gamberi fino a quando non saranno ben ricoperti. Scaldare l'olio e friggere i gamberi fino a doratura e croccanti in pochi minuti. Scolare su un tovagliolo di carta.

Nel frattempo, scaldare l'olio e soffriggere la cipolla e lo zenzero fino a renderli morbidi. Aggiungere il ketchup e cuocere a fuoco lento per 3 minuti. Mescolare la farina di mais e l'acqua fino a quando non diventa una pasta, mescolarla nella padella e cuocere a fuoco lento, mescolando, fino a quando la salsa si addensa. Aggiungi i gamberi nella padella e rosolali fino a quando non saranno riscaldati. Servire subito.

Gamberi con verdure

Serve 4

15 ml / 1 cucchiaio di olio di arachidi (arachidi).
225 g / 8 once di cimette di broccoli
225 g di funghi porcini

225 g di germogli di bambù, a fette

450 g di gamberi sgusciati

120 ml di brodo di pollo

5 ml / 1 cucchiaino di farina di mais (amido di mais)

5 ml / 1 cucchiaino di salsa di ostriche

2,5 ml / ¬Ω cucchiaino di zucchero

2,5 ml / ¬Ω cucchiaino di radice di zenzero grattugiata

pizzico di pepe macinato fresco

Scaldare l'olio e friggere i broccoli per 1 minuto. Aggiungere i funghi e i germogli di bambù e saltare per 2 minuti. Aggiungere i gamberi e saltare per 2 minuti. Mescolare gli altri ingredienti e aggiungere ai gamberi. Portare a ebollizione, mescolando, quindi cuocere per 1 minuto, mescolando continuamente.

Gamberi con castagne d'acqua

Serve 4

60 ml / 4 cucchiai di olio di arachidi (arachidi).

1 spicchio d'aglio, tritato

1 fetta di radice di zenzero, tritata

450 g di gamberi sgusciati

30 ml / 2 cucchiai di vino di riso o sherry secco 225 g / 8 once di castagne d'acqua, a fette

30 ml / 2 cucchiai di salsa di soia

15 ml / 1 cucchiaio di farina di mais (amido di mais)

45 ml / 3 cucchiai d'acqua

Scaldare l'olio e friggere l'aglio e lo zenzero fino a doratura. Aggiungere i gamberi e friggere per 1 minuto. Aggiungere il vino o lo sherry e mescolare bene. Aggiungere le castagne d'acqua e friggere per 5 minuti. Aggiungere gli altri ingredienti e friggere per 2 minuti.

Wonton di gamberetti

Serve 4

450 g di gamberi sgusciati, tagliati a pezzetti

225 g di verdure miste tritate

15 ml / 1 cucchiaio di salsa di soia

2,5 ml / ¬Ω cucchiaino di sale

qualche goccia di olio di sesamo

40 skin wonton

friggiamo l'olio

Mescolare i gamberi, le verdure, la salsa di soia, il sale e l'olio di sesamo.

Per piegare i wonton, tieni la pelle nel palmo della mano sinistra e versa un po' di ripieno al centro. Spennellare i bordi con l'uovo e piegare la pelle a triangolo, sigillando i bordi. Bagnate gli angoli con l'uovo e arrotolateli.

Scaldare l'olio e friggere i wonton uno per uno fino a doratura. Scolare bene prima di servire.

con pollo all'abalone

Serve 4

400 g di abalone in scatola

30 ml / 2 cucchiai di olio di arachidi (arachidi).

100 g di petto di pollo, tagliato a cubetti

100 g di germogli di bambù, a fette

250 ml / 8 fl oz / 1 tazza di brodo di pesce

15 ml / 1 cucchiaio di vino di riso o sherry secco

5 ml / 1 cucchiaino di zucchero

2,5 ml / ½ cucchiaino di sale

15 ml / 1 cucchiaio di farina di mais (amido di mais)

45 ml / 3 cucchiai d'acqua

Scolare e affettare, mettere da parte il succo. Riscaldare l'olio e friggere il petto di pollo fino a quando diventa marrone chiaro. Aggiungere l'abalone e i germogli di bambù e saltare in padella per 1 minuto. Aggiungere il liquido di abalone, il brodo, il vino o lo sherry, lo zucchero e il sale, portare a ebollizione e cuocere a fuoco lento per 2 minuti. Mescolare la farina di mais e l'acqua fino a ottenere una pasta e cuocere a fuoco lento, mescolando, fino a quando la salsa si alleggerisce e si addensa. Servire subito.

Abalone con asparagi

Serve 4

10 funghi cinesi secchi

30 ml / 2 cucchiai di olio di arachidi (arachidi).

15 ml / 1 cucchiaio di acqua

225 g di asparagi

2,5 ml / ½ cucchiaino di salsa di pesce

15 ml / 1 cucchiaio di farina di mais (amido di mais)

Abalone in scatola da 225 g / 8 once, affettato

60 ml / 4 cucchiai di brodo

½ carota piccola, affettata

5 ml / 1 cucchiaino di salsa di soia

5 ml / 1 cucchiaino di salsa di ostriche

5 ml / 1 cucchiaino di vino di riso o sherry secco

Immergere i funghi in acqua tiepida per 30 minuti, quindi filtrare. Scartare i gambi. Scaldare 15 ml/1 cucchiaio di olio con acqua e friggere le cappelle dei funghi per 10 minuti. Nel frattempo, cuocere gli asparagi in acqua bollente fino a renderli morbidi con salsa di pesce e 1 cucchiaino/5 ml di amido di mais. Scolare bene e mettere in un piatto caldo insieme ai funghi. Tienili al caldo. Riscaldare l'olio rimanente e friggere l'abalone per qualche secondo, quindi aggiungere il brodo, le carote, la salsa di soia, la salsa di ostriche, il vino o lo sherry e l'amido di mais rimanente. Cuocere per circa 5 minuti finché sono teneri, quindi aggiungere gli asparagi e servire.

Abalone con funghi

Serve 4

6 funghi cinesi secchi
400 g di abalone in scatola
45 ml / 3 cucchiai di olio di arachidi (arachidi).
2,5 ml / ¬Ω cucchiaino di sale
15 ml / 1 cucchiaio di vino di riso o sherry secco
3 cipollotti (scalogno), tagliati a fette spesse

Immergere i funghi in acqua tiepida per 30 minuti, quindi filtrare. Rimuovere i gambi e tagliare le cime. Scolare e affettare, mettere da parte il succo. Scaldare l'olio e friggere il sale e i funghi per 2 minuti. Aggiungere il liquido di abalone e lo sherry, portare a ebollizione, coprire e cuocere a fuoco lento per 3 minuti. Aggiungere l'abalone e lo scalogno e soffriggere fino a quando non saranno riscaldati. Servire subito.

Abalone con salsa di ostriche

Serve 4

400 g di abalone in scatola
15 ml / 1 cucchiaio di farina di mais (amido di mais)
15 ml / 1 cucchiaio di salsa di soia
45 ml / 3 cucchiai di salsa di ostriche
30 ml / 2 cucchiai di olio di arachidi (arachidi).
50 g di prosciutto affumicato tritato

Scolare l'abalone in scatola e riservare 90 ml / 6 cucchiai di liquido. Mescolare con amido di mais, salsa di soia e salsa di ostriche. Scaldare l'olio e cuocere a vapore l'abalone sgocciolato per 1 minuto. Aggiungere il composto di salsa e cuocere a fuoco lento, mescolando, fino a caldo, circa 1 minuto. Mettere in una ciotola calda e servire guarnendo con il prosciutto.

vongole al vapore

Serve 4

24 conchiglie

Pulite bene le cozze e mettetele a bagno in acqua salata per qualche ora. Sciacquatele sotto l'acqua corrente e adagiatele su un vassoio profondo. Mettere su una griglia nella vaporiera, coprire e cuocere a vapore in acqua bollente per circa 10 minuti, fino a quando tutte le vongole si saranno aperte. Scartare quelli che rimangono chiusi. Servire con salse.

Cozze con germogli di soia

Serve 4

24 conchiglie
15 ml / 1 cucchiaio di olio di arachidi (arachidi).
150 g di germogli di soia
1 peperone verde, tagliato a listarelle
2 cipollotti (scalogno), tritati
15 ml / 1 cucchiaio di vino di riso o sherry secco
sale e pepe macinato fresco
2,5 ml / ¬Ω cucchiaino di olio di sesamo
50 g di prosciutto affumicato tritato

Pulite bene le cozze e mettetele a bagno in acqua salata per qualche ora. Sciacquare sotto l'acqua corrente. Mettete a bollire una pentola d'acqua, aggiungete le cozze e fate cuocere per qualche minuto fino a quando non si aprono. Svitare e scartare quelli che rimangono chiusi. Togliere le vongole dai gusci.

Scaldare l'olio e friggere i germogli di soia per 1 minuto. Aggiungere il peperone e lo scalogno e rosolare per 2 minuti. Aggiungere il vino o lo sherry e condire con sale e pepe. Riscaldare, quindi aggiungere le vongole e mescolare fino a quando non saranno ben amalgamate e calde. Mettere su un piatto caldo e servire cosparso di olio di sesamo e prosciutto.

Cozze con zenzero e aglio

Serve 4

24 conchiglie
15 ml / 1 cucchiaio di olio di arachidi (arachidi).
2 fette di radice di zenzero, tritate
2 spicchi d'aglio, tritati
15 ml / 1 cucchiaio di acqua
5 ml / 1 cucchiaino di olio di sesamo
sale e pepe macinato fresco

Pulite bene le cozze e mettetele a bagno in acqua salata per qualche ora. Sciacquare sotto l'acqua corrente. Scaldare l'olio e friggere lo zenzero e l'aglio per 30 secondi. Aggiungere le vongole, l'acqua e l'olio di sesamo, coprire e cuocere per circa 5 minuti fino a quando le vongole si aprono. Scartare quelli che rimangono chiusi. Condire leggermente con sale e pepe e servire immediatamente.

vongole fritte

Serve 4

24 conchiglie

60 ml / 4 cucchiai di olio di arachidi (arachidi).

4 spicchi d'aglio, tritati

1 cipolla tritata finemente

2,5 ml / ¬Ω cucchiaino di sale

Pulite bene le cozze e mettetele a bagno in acqua salata per qualche ora. Sciacquare sotto l'acqua corrente e asciugare.

Scaldare l'olio e soffriggere l'aglio, la cipolla e il sale fino a renderli morbidi. Aggiungere le vongole, coprire e cuocere a fuoco lento per circa 5 minuti fino a quando tutti i gusci si aprono. Scartare quelli che rimangono chiusi. Friggere delicatamente per un altro 1 minuto, spalmato di olio.

torte di granchio

Serve 4

225 g di germogli di soia
60 ml / 4 cucchiai di olio di arachidi 100 g / 4 oz germogli di bambù, tagliati a listarelle
1 cipolla tritata finemente
225 g polpa di granchio, in scaglie
4 uova, leggermente sbattute
15 ml / 1 cucchiaio di farina di mais (amido di mais)
30 ml / 2 cucchiai di salsa di soia

sale e pepe macinato fresco

Sbollentare i germogli di soia in acqua bollente per 4 minuti, quindi filtrare. Scaldare metà dell'olio e friggere i germogli di soia, i germogli di bambù e la cipolla fino a renderli morbidi. Togliere dal fuoco e aggiungere tutti gli altri ingredienti tranne l'olio. Scaldare l'olio rimanente in una padella pulita e utilizzare un cucchiaio per friggere la miscela di polpa di granchio per fare delle piccole torte. Friggere entrambi i lati fino a doratura, quindi servire immediatamente.

Crema contro il cancro

Serve 4

225 g di polpa di granchio

5 uova sbattute

1 cipollotto (scalogno), tritato finemente

250 ml / 8 fl oz / 1 tazza di acqua

5 ml / 1 cucchiaino di sale

5 ml / 1 cucchiaino di olio di sesamo

Mescolare bene tutti gli ingredienti. Mettere in una ciotola, coprire e mettere sopra una doppia caldaia sopra l'acqua calda o su una griglia per la cottura a vapore. Cuocere a fuoco lento per circa 35 minuti fino ad ottenere una pasta cremosa, mescolando di tanto in tanto. Servire con riso.

Polpa di granchio cinese con foglie

Serve 4

450 g / 1 lb di foglie cinesi, grattugiate

45 ml / 3 cucchiai di olio vegetale

2 cipollotti (scalogno), tritati

225 g di polpa di granchio

15 ml / 1 cucchiaio di salsa di soia

15 ml / 1 cucchiaio di vino di riso o sherry secco

5 ml / 1 cucchiaino di sale

Sbollentare le foglie cinesi in acqua bollente per 2 minuti, scolare bene e sciacquare con acqua fredda. Scaldare l'olio e soffriggere il cipollotto fino a doratura. Aggiungere la polpa di granchio e friggere per 2 minuti. Aggiungere le foglie cinesi e cuocere a fuoco lento per 4 minuti. Aggiungere la salsa di soia, il vino o lo sherry e il sale e mescolare bene. Aggiungere il brodo e l'amido di mais, portare a ebollizione e cuocere a fuoco lento, mescolando, per 2 minuti, fino a quando la salsa si schiarisce e si addensa.

Foo Yung granchio con germogli di soia

Serve 4

6 uova sbattute
45 ml / 3 cucchiai di farina di mais (amido di mais)
225 g di polpa di granchio
100 g di germogli di soia
2 cipollotti (scalogno), tritati finemente
2,5 ml / ¬Ω cucchiaino di sale
45 ml / 3 cucchiai di olio di arachidi (arachidi).

Sbattere l'uovo, poi la maizena. Mescolare tutti gli altri ingredienti tranne l'olio. Scaldate l'olio e versate il composto nella padella poco alla volta fino a coprire ca. Otteniamo piccoli pancake con un diametro di 7,5 cm. Friggere il fondo fino a doratura, quindi girarlo e friggere anche l'altro lato.

granchio allo zenzero

Serve 4

15 ml / 1 cucchiaio di olio di arachidi (arachidi).
2 fette di radice di zenzero, tritate
4 cipollotti (scalogno), tritati
3 spicchi d'aglio, tritati
1 peperoncino rosso tritato finemente
350 g di polpa di granchio, in scaglie
2,5 ml / ¬Ω cucchiaino di pasta di pesce
2,5 ml / ¬Ω cucchiaino di olio di sesamo

15 ml / 1 cucchiaio di vino di riso o sherry secco

5 ml / 1 cucchiaino di farina di mais (amido di mais)

15 ml / 1 cucchiaio di acqua

Scaldare l'olio e soffriggere lo zenzero, il cipollotto, l'aglio e il peperoncino per 2 minuti. Aggiungere la polpa di granchio e mescolare finché non è ben ricoperta di spezie. Aggiungere la pasta di pesce. Mescolare gli altri ingredienti in una pasta, quindi versare nella padella e friggere per 1 minuto. Servire subito.

Granchio Lo Mein

Serve 4

100 g di germogli di soia

30 ml / 2 cucchiai di olio di arachidi (arachidi).

5 ml / 1 cucchiaino di sale

1 cipolla, affettata

100 g di funghi, affettati

225 g polpa di granchio, in scaglie

100 g di germogli di bambù, a fette

Pasta lievitata

30 ml / 2 cucchiai di salsa di soia

5 ml / 1 cucchiaino di zucchero
5 ml / 1 cucchiaino di olio di sesamo
sale e pepe macinato fresco

Sbollentare i germogli di soia in acqua bollente per 5 minuti, quindi scolarli. Scaldare l'olio e soffriggere il sale e la cipolla fino a renderli morbidi. Aggiungere i funghi e saltare fino a renderli morbidi. Aggiungere la polpa di granchio e friggere per 2 minuti. Aggiungere i germogli di soia e i germogli di bambù e friggere per 1 minuto. Aggiungere la pastella scolata nella padella e mescolare delicatamente. Mescolare salsa di soia, zucchero e olio di sesamo, condire con sale e pepe. Mescolare fino a caldo nella padella.

Granchio fritto con carne di maiale

Serve 4

30 ml / 2 cucchiai di olio di arachidi (arachidi).
100 g di carne di maiale macinata (tritata).
350 g di polpa di granchio, in scaglie
2 fette di radice di zenzero, tritate
2 uova, leggermente sbattute
15 ml / 1 cucchiaio di salsa di soia
15 ml / 1 cucchiaio di vino di riso o sherry secco
30 ml / 2 cucchiai d'acqua

sale e pepe macinato fresco

4 cipollotti (scalogno), tagliati a listarelle

Scaldare l'olio e friggere leggermente il maiale. Aggiungere la polpa di granchio e lo zenzero e friggere per 1 minuto. Mescolare le uova. Aggiungere la salsa di soia, il vino o lo sherry, l'acqua, il sale e il pepe e saltare in padella per circa 4 minuti. Servire guarnendo con l'erba cipollina.

Polpa di granchio al vapore

Serve 4

30 ml / 2 cucchiai di olio di arachidi (arachidi).

450 g di polpa di granchio, in scaglie

2 cipollotti (scalogno), tritati

2 fette di radice di zenzero, tritate

30 ml / 2 cucchiai di salsa di soia

30 ml / 2 cucchiai di vino di riso o sherry secco

2,5 ml / ¬Ω cucchiaino di sale

15 ml / 1 cucchiaio di farina di mais (amido di mais)

60 ml / 4 cucchiai d'acqua

Scaldare l'olio e friggere la polpa di granchio, il cipollotto e lo zenzero per 1 minuto. Aggiungere la salsa di soia, il vino o lo sherry e il sale, coprire e cuocere a fuoco lento per 3 minuti. Mescolare la farina di mais e l'acqua fino a formare una pasta, mescolare nella padella e continuare a mescolare fino a quando la salsa è chiara e addensata.

Polpette di calamari fritti

Serve 4

450 g di calamari
50 g di strutto tritato
1 albume d'uovo
2,5 ml / ¬Ω cucchiaino di zucchero
2,5 ml / ¬Ω cucchiaino di farina di mais (amido di mais)
sale e pepe macinato fresco
friggiamo l'olio

Pulire i calamari e tritarli o ridurli in poltiglia. Mescolare con grasso, albume d'uovo, zucchero e amido di mais, quindi condire con sale e pepe. Pressare il composto in palline. Riscaldare l'olio e, se necessario, friggere le polpette di calamari in lotti finché non galleggiano nell'olio e diventano dorate. Scolare bene e servire subito.

Astice alla cantonese

Serve 4

2 aragoste
30 ml / 2 cucchiai di olio
15 ml / 1 cucchiaio di salsa di fagioli neri
1 spicchio d'aglio, schiacciato
1 cipolla tritata finemente
225 g di carne di maiale macinata (tritata).
45 ml / 3 cucchiai di salsa di soia
5 ml / 1 cucchiaino di zucchero

sale e pepe macinato fresco

15 ml / 1 cucchiaio di farina di mais (amido di mais)

75 ml / 5 cucchiai d'acqua

1 uovo sbattuto

Sbriciolare l'aragosta, rimuovere la carne e tagliarla a cubetti da 1 pollice. Scaldare l'olio e soffriggere la salsa di fagioli neri, l'aglio e la cipolla fino a doratura. Aggiungere il maiale e friggere fino a doratura. Aggiungere la salsa di soia, lo zucchero, il sale, il pepe e l'aragosta, coprire e cuocere a fuoco lento per circa 10 minuti. Mescolare la farina di mais e l'acqua fino a quando non diventa una pasta, mescolarla nella padella e cuocere a fuoco lento, mescolando, fino a quando la salsa si schiarisce e si addensa. Prima di servire, spegnere il fuoco e aggiungere l'uovo.

aragosta fritta

Serve 4

450 g di polpa di aragosta

30 ml / 2 cucchiai di salsa di soia

5 ml / 1 cucchiaino di zucchero

1 uovo sbattuto

30 ml / 3 cucchiai di farina (per tutti gli usi).

friggiamo l'olio

Tagliare la carne di aragosta a cubetti da 1 pollice e condirla con salsa di soia e zucchero. Lasciare riposare per 15 minuti, quindi filtrare. Sbattere l'uovo e la farina, quindi aggiungere l'aragosta e mescolare bene. Scaldare l'olio e friggere l'aragosta fino a doratura. Scolare su carta da cucina prima di servire.

Astice al vapore con prosciutto

Serve 4

4 uova, leggermente sbattute

60 ml / 4 cucchiai d'acqua

5 ml / 1 cucchiaino di sale

15 ml / 1 cucchiaio di salsa di soia

450 g di polpa di astice, in scaglie

15 ml / 1 cucchiaio di prosciutto affumicato tritato

15 ml / 1 cucchiaio di prezzemolo fresco tritato

Sbattere le uova con acqua, sale e salsa di soia. Versare in una ciotola antiaderente e cospargere con polpa di aragosta. Metti la ciotola su una griglia in un piroscafo, copri e cuoci a vapore per 20 minuti fino a quando l'uovo si indurisce. Servire guarnendo con prosciutto e prezzemolo.

Astice con funghi

Serve 4

450 g di polpa di aragosta

15 ml / 1 cucchiaio di farina di mais (amido di mais)

60 ml / 4 cucchiai d'acqua

30 ml / 2 cucchiai di olio di arachidi (arachidi).

4 cipollotti (scalogno), tagliati a fette spesse

100 g di funghi, affettati

2,5 ml / ¬Ω cucchiaino di sale

1 spicchio d'aglio, schiacciato

30 ml / 2 cucchiai di salsa di soia
15 ml / 1 cucchiaio di vino di riso o sherry secco

Tagliare la polpa dell'aragosta a cubetti di 2,5 cm. Mescolare la farina di mais e l'acqua fino a formare una pasta, quindi aggiungere i cubetti di aragosta al composto per ricoprire. Scaldare metà dell'olio e friggere i cubetti di aragosta fino a quando non diventano leggermente dorati, quindi toglierli dalla padella. Scaldare l'olio rimanente e soffriggere il cipollotto fino a doratura. Aggiungere i funghi e friggere per 3 minuti. Aggiungere il sale, l'aglio, la salsa di soia e il vino o lo sherry e cuocere a fuoco lento per 2 minuti. Riporta l'aragosta nella padella e scottala finché non è calda.

Coda di aragosta con carne di maiale

Serve 4

3 funghi cinesi secchi
4 code di aragosta
60 ml / 4 cucchiai di olio di arachidi (arachidi).
100 g di carne di maiale macinata (tritata).
50 g di castagne d'acqua, tritate
sale e pepe macinato fresco
2 spicchi d'aglio, tritati
45 ml / 3 cucchiai di salsa di soia

30 ml / 2 cucchiai di vino di riso o sherry secco
30 ml / 2 cucchiai di salsa di fagioli neri
10 ml / 2 cucchiai di farina di mais (amido di mais)
120 ml / 4 fl oz / ¬Ω tazza d'acqua

Immergere i funghi in acqua tiepida per 30 minuti, quindi filtrare. Rimuovere i gambi e tagliare le cappelle. Tagliare la coda di aragosta a metà nel senso della lunghezza. Togliere la carne dalle code di aragosta e conservare i gusci. Scaldare metà dell'olio e friggere la carne di maiale fino a quando diventa marrone chiaro. Dopo aver tolto dal fuoco unire i funghi, la polpa di astice, le castagne d'acqua, sale e pepe. Racchiudere la carne nel guscio dell'aragosta e adagiarla su una teglia. Mettere su una griglia in un piroscafo, coprire e cuocere a fuoco lento per circa 20 minuti finché sono teneri. Nel frattempo, scaldare l'olio rimanente e soffriggere l'aglio, la salsa di soia, il vino/sherry e la salsa di fagioli neri per 2 minuti. Mescolare la farina di mais e l'acqua fino ad ottenere un impasto, mescolare in una padella e cuocere a fuoco lento, mescolando, fino a quando la salsa si addensa. Disponete l'astice in un piatto caldo, versateci sopra la salsa e servite subito.

aragosta fritta

Serve 4

450 g / 1 libbra di coda di aragosta

30 ml / 2 cucchiai di olio di arachidi (arachidi).

1 spicchio d'aglio, schiacciato

2,5 ml / ¬Ω cucchiaino di sale

350 g di germogli di soia

50 g di funghi prataioli

4 cipollotti (scalogno), tagliati a fette spesse

150 ml / ¬° pt / generosa ¬Ω tazza di brodo di pollo

15 ml / 1 cucchiaio di farina di mais (amido di mais)

Far bollire l'acqua in una casseruola, aggiungere la coda di aragosta e far bollire per 1 minuto. Scolare, raffreddare, togliere la pelle e tagliare a fette spesse. Scaldate l'olio con l'aglio e il sale e fate soffriggere fino a quando l'aglio sarà leggermente dorato. Aggiungere l'aragosta e friggere per 1 minuto. Aggiungere i germogli di soia e i funghi e saltare per 1 minuto. Aggiungere le cipolline. Aggiungere la maggior parte del brodo, portare a ebollizione, coprire e cuocere a fuoco lento per 3 minuti. Mescolare l'amido di mais con il brodo rimanente, versarlo nella padella e cuocere a fuoco lento, mescolando, fino a quando la salsa si schiarisce e si addensa.

nidi di aragosta

Serve 4

30 ml / 2 cucchiai di olio di arachidi (arachidi).
5 ml / 1 cucchiaino di sale
1 cipolla rossa, affettata sottilmente
100 g di funghi, affettati

100 g di germogli di bambù, affettati 225 g di polpa di aragosta bollita

15 ml / 1 cucchiaio di vino di riso o sherry secco

120 ml di brodo di pollo

pizzico di pepe macinato fresco

10 ml / 2 cucchiaini di farina di mais (amido di mais)

15 ml / 1 cucchiaio di acqua

4 cestini di pasta

Scaldare l'olio e soffriggere il sale e la cipolla fino a renderli morbidi. Aggiungere i funghi e i germogli di bambù e saltare per 2 minuti. Aggiungere la carne di aragosta, il vino o lo sherry e il brodo, portare a ebollizione, coprire e cuocere a fuoco lento per 2 minuti. Condire con pepe. Mescolare la farina di mais e l'acqua fino a quando non diventa una pasta, mescolarla nella padella e cuocere a fuoco lento, mescolando, fino a quando la salsa si addensa. Disporre il nido di pasta su un piatto caldo e guarnire con l'astice arrosto.

Cozze in salsa di fagioli neri

Serve 4

45 ml / 3 cucchiai di olio di arachidi (arachidi).

2 spicchi d'aglio, tritati

2 fette di radice di zenzero, tritate

30 ml / 2 cucchiai di salsa di fagioli neri
15 ml / 1 cucchiaio di salsa di soia
1,5 kg di cozze lavate e sgranate
2 cipollotti (scalogno), tritati

Scaldare l'olio e friggere l'aglio e lo zenzero per 30 secondi. Aggiungere la salsa di fagioli neri e la salsa di soia e saltare in padella per 10 secondi. Aggiungere le vongole, coprire e cuocere per circa 6 minuti, fino a quando le vongole si aprono. Scartare quelli che rimangono chiusi. Mettere su un piatto caldo e servire cosparso di erba cipollina.

Cozze allo zenzero

Serve 4

45 ml / 3 cucchiai di olio di arachidi (arachidi).
2 spicchi d'aglio, tritati
4 fette di radice di zenzero, tritate
1,5 kg di cozze lavate e sgranate

45 ml / 3 cucchiai d'acqua
15 ml / 1 cucchiaio di salsa di ostriche

Scaldare l'olio e friggere l'aglio e lo zenzero per 30 secondi. Aggiungere le vongole e l'acqua, coprire e cuocere per circa 6 minuti, finché le vongole non si aprono. Scartare quelli che rimangono chiusi. Mettere su un piatto caldo e servire condito con salsa di ostriche.

Cozze al vapore

Serve 4

1,5 kg di cozze lavate e sgranate
45 ml / 3 cucchiai di salsa di soia
3 cipollotti (scalogno), tritati finemente

Mettere le cozze su una griglia in una vaporiera, coprire e cuocere a vapore in acqua bollente per circa 10 minuti fino a quando tutte le cozze si saranno aperte. Scartare quelli che rimangono chiusi. Mettere su un piatto caldo e cospargere con salsa di soia e scalogno e servire.

ostriche fritte

Serve 4

24 ostriche senza guscio
sale e pepe macinato fresco
1 uovo sbattuto
50 g / 2 oz / ¬Ω tazza di farina per tutti gli usi.
250 ml / 8 fl oz / 1 tazza di acqua

friggiamo l'olio

4 cipollotti (scalogno), tritati

Cospargere le ostriche con sale e pepe. Impastare l'uovo con la farina e l'acqua fino a ottenere un composto spumoso e ricoprire le ostriche. Scaldare l'olio e friggere le ostriche fino a doratura. Scolare su carta da cucina e servire guarnendo con i cipollotti.

Ostriche con pancetta

Serve 4

175 g di pancetta

24 ostriche senza guscio

1 uovo, leggermente sbattuto

15 ml / 1 cucchiaio di acqua

45 ml / 3 cucchiai di olio di arachidi (arachidi).

2 cipolle, tritate

15 ml / 1 cucchiaio di farina di mais (amido di mais)

15 ml / 1 cucchiaio di salsa di soia
90 ml / 6 cucchiai di brodo di pollo

Tagliate a pezzetti la pancetta e avvolgetene un pezzetto attorno a ciascuna ostrica. Sbattere l'uovo con l'acqua, quindi immergere nell'ostrica per ricoprire. Scaldare metà dell'olio e friggere le ostriche fino a doratura su entrambi i lati, quindi togliere dalla padella e scolare il grasso. Riscaldare l'olio rimanente e soffriggere la cipolla fino a renderla morbida. Mescolare l'amido di mais, la salsa di soia e il brodo fino a ottenere una pasta, versare in una padella e cuocere a fuoco lento, mescolando, finché la salsa non si schiarisce e si addensa. Versare sopra le ostriche e servire subito.

Ostriche fritte con zenzero

Serve 4

24 ostriche senza guscio
2 fette di radice di zenzero, tritate
30 ml / 2 cucchiai di salsa di soia
15 ml / 1 cucchiaio di vino di riso o sherry secco
4 cipollotti (scalogno), tagliati a listarelle
100 g di pancetta

1 uovo

50 g / 2 oz / ½ tazza di farina per tutti gli usi.

sale e pepe macinato fresco

friggiamo l'olio

1 limone tagliato a fettine

Metti le ostriche in una ciotola con lo zenzero, la salsa di soia e il vino o lo sherry e mescola bene per ricoprirle. Lascia riposare per 30 minuti. Metti alcune strisce di cipollotto sopra ogni ostrica. Tagliate a pezzetti la pancetta e avvolgetene un pezzetto attorno a ciascuna ostrica. Sbattere l'uovo e la farina in una schiuma, condire con sale e pepe. Immergi le ostriche nella pastella finché non saranno ben ricoperte. Scaldare l'olio e friggere le ostriche fino a doratura. Servire guarnendo con fettine di limone.

Ostriche con salsa di fagioli neri

Serve 4

350 g di ostriche senza guscio

120 ml / 4 fl oz / ½ tazza di olio di arachidi (arachidi).

2 spicchi d'aglio, tritati

3 cipollotti (scalogno), affettati

15 ml / 1 cucchiaio di salsa di fagioli neri

30 ml / 2 cucchiai di salsa di soia scura

15 ml / 1 cucchiaio di olio di sesamo

un pizzico di peperoncino in polvere

Sbollentare le ostriche in acqua bollente per 30 secondi, quindi scolarle. Scaldare l'olio e soffriggere l'aglio e il cipollotto per 30 secondi. Aggiungere la salsa di fagioli neri, la salsa di soia, l'olio di sesamo e le ostriche e condire con peperoncino in polvere a piacere. Cuocere a fuoco lento e servire immediatamente.

Capesante con germogli di bambù

Serve 4

60 ml / 4 cucchiai di olio di arachidi (arachidi).
6 cipollotti (scalogno), tritati
225 g di funghi tagliati in quattro
15 ml / 1 cucchiaio di zucchero
450 g di capesante sbucciate
2 fette di radice di zenzero, tritate
225 g di germogli di bambù, a fette
sale e pepe macinato fresco

300 ml / ¬Ω pt / 1 ¬ ° tazza d'acqua
30 ml / 2 cucchiai di aceto di vino
30 ml / 2 cucchiai di farina di mais (amido di mais)
150 ml / ¬° pt / generosa ¬Ω tazza d'acqua
45 ml / 3 cucchiai di salsa di soia

Scaldare l'olio e soffriggere i cipollotti e i funghi per 2 minuti. Aggiungere lo zucchero, le vongole, lo zenzero, i germogli di bambù, sale e pepe, coprire e cuocere per 5 minuti. Aggiungere l'acqua e l'aceto di vino, portare ad ebollizione, coprire e cuocere a fuoco lento per 5 minuti. Mescolare la farina di mais e l'acqua fino a quando non diventa una pasta, mescolarla nella padella e cuocere a fuoco lento, mescolando, fino a quando la salsa si addensa. Condire con salsa di soia e servire.

Capesante con uova

Serve 4

45 ml / 3 cucchiai di olio di arachidi (arachidi).
350 g di capesante sbucciate
25 g di prosciutto affumicato tritato
30 ml / 2 cucchiai di vino di riso o sherry secco
5 ml / 1 cucchiaino di zucchero
2,5 ml / ¬Ω cucchiaino di sale
pizzico di pepe macinato fresco

2 uova, leggermente sbattute
15 ml / 1 cucchiaio di salsa di soia

Scaldare l'olio e friggere le cozze per 30 secondi. Aggiungere il prosciutto e friggere per 1 minuto. Aggiungere il vino o lo sherry, lo zucchero, il sale e il pepe e far rosolare per 1 minuto. Aggiungere le uova e mescolare delicatamente a fuoco alto fino a quando gli ingredienti non saranno ben ricoperti dall'uovo. Servire cospargendo di salsa di soia.

Capesante con broccoli

Serve 4

350 g di cozze, a fette
3 fette di radice di zenzero, tritate
¬Ω carota piccola, affettata
1 spicchio d'aglio, schiacciato
45 ml / 3 cucchiai di farina (per tutti gli usi).
2,5 ml / ¬Ω cucchiaino di bicarbonato di sodio (bicarbonato di sodio)

30 ml / 2 cucchiai di olio di arachidi (arachidi).

15 ml / 1 cucchiaio di acqua

1 banana, affettata

friggiamo l'olio

275 g di broccoli

Sale

5 ml / 1 cucchiaino di olio di sesamo

2,5 ml / ¬Ω cucchiaino di salsa piccante

2,5 ml / ¬Ω cucchiaino di aceto di vino

2,5 ml / ¬Ω cucchiaino di concentrato di pomodoro √ © e

(pasta)

Mescolare le vongole con lo zenzero, la carota e l'aglio e lasciar riposare. Mescolare la farina, il bicarbonato di sodio, 15 ml/1 cucchiaio di olio e l'acqua in un impasto e ricoprire le fette di banana. Scaldare l'olio e friggere il platano fino a doratura, quindi scolarlo e metterlo intorno a una padella calda. Nel frattempo lessate i broccoli in acqua salata fino a renderli morbidi, quindi scolateli. Scaldate l'olio rimanente con l'olio di sesamo e friggete brevemente i broccoli, quindi disponeteli attorno al piatto con i platani. Aggiungi la salsa di peperoncino, l'aceto di vino e il concentrato di pomodoro nella padella e fai sobbollire le capesante fino a cottura ultimata. Versare su un piatto e servire subito.

Capesante allo zenzero

Serve 4

45 ml / 3 cucchiai di olio di arachidi (arachidi).
2,5 ml / ¬Ω cucchiaino di sale
3 fette di radice di zenzero, tritate
2 cipollotti (scalogno), tagliati a fette spesse
450 g di capesante con guscio, tagliate a metà
15 ml / 1 cucchiaio di farina di mais (amido di mais)

60 ml / 4 cucchiai d'acqua

Scaldare l'olio e friggere il sale e lo zenzero per 30 secondi. Aggiungere l'erba cipollina e friggere fino a doratura. Aggiungere le capesante e friggere per 3 minuti. Mescolare la farina di mais e l'acqua in una pasta, aggiungerla nella padella e cuocere fino a che non sia densa, mescolando, a fuoco lento. Servire subito.

cozze con prosciutto

Serve 4

450 g di capesante con guscio, tagliate a metà
250 ml / 8 fl oz / 1 tazza di vino di riso o sherry secco
1 cipolla, tritata finemente
2 fette di radice di zenzero, tritate
2,5 ml / ¬Ω cucchiaino di sale
100 g di prosciutto affumicato tritato

Metti le capesante in una ciotola e aggiungi il vino o lo sherry. Coprire e marinare per 30 minuti, girando di tanto in tanto, quindi scolare le capesante ed eliminare la marinata. Disponete le capesante con gli altri ingredienti in una pirofila. Mettere la padella su una griglia per la cottura a vapore, coprire e cuocere a vapore in acqua calda per circa 6 minuti, fino a quando le capesante saranno tenere.

Uova strapazzate con capesante ed erbe aromatiche

Serve 4
225 g di capesante sbucciate
30 ml / 2 cucchiai di coriandolo fresco tritato
4 uova sbattute
15 ml / 1 cucchiaio di vino di riso o sherry secco
sale e pepe macinato fresco
15 ml / 1 cucchiaio di olio di arachidi (arachidi).

Mettere le capesante in una vaporiera e cuocere a vapore per circa 3 minuti fino a cottura ultimata, a seconda delle dimensioni. Togliere dal piroscafo e cospargere di coriandolo. Sbattere le uova con il vino o lo sherry e aggiungere sale e pepe a piacere. Aggiungere le vongole e il coriandolo. Riscaldare l'olio e friggere il composto di uova e capesante, mescolando continuamente, fino a quando l'uovo si rapprende. Servire subito.

Cozze e cipolle arrosto

Serve 4

45 ml / 3 cucchiai di olio di arachidi (arachidi).
1 cipolla, affettata
450 g di capesante con guscio, in quarti
sale e pepe macinato fresco
15 ml / 1 cucchiaio di vino di riso o sherry secco

Scaldare l'olio e friggere la cipolla fino a renderla morbida. Aggiungere le capesante e friggere fino a doratura. Condire con sale e pepe, sfumare con vino o sherry e servire immediatamente.

Capesante con verdure

4,Äì6 porzioni

4 funghi cinesi secchi

2 cipolle

30 ml / 2 cucchiai di olio di arachidi (arachidi).

3 gambi di sedano, tagliati in diagonale

225 g di fagiolini, tagliati in diagonale

10 ml / 2 cucchiaini di radice di zenzero grattugiata

1 spicchio d'aglio, schiacciato

20 ml / 4 cucchiaini di farina di mais (amido di mais)

250 ml / 8 fl oz / 1 tazza di brodo di pollo

30 ml / 2 cucchiai di vino di riso o sherry secco

30 ml / 2 cucchiai di salsa di soia

450 g di capesante con guscio, in quarti

6 cipollotti (scalogno), affettati

Pannocchie in scatola da 425 g / 15 once

Immergere i funghi in acqua tiepida per 30 minuti, quindi filtrare. Rimuovere i gambi e tagliare le cime. Tagliare la cipolla a rondelle, separare gli strati. Scaldare l'olio e soffriggere la cipolla, il sedano, i fagioli, lo zenzero e l'aglio per 3 minuti. Mescolare l'amido di mais con un po' di brodo e aggiungere il restante brodo, vino o sherry e salsa di soia. Aggiungere al wok e portare a ebollizione, mescolando. Aggiungere i funghi, le capesante, lo scalogno e il mais e rosolare per circa 5 minuti fino a quando le capesante sono tenere.

Capesante alla paprika

Serve 4

30 ml / 2 cucchiai di olio di arachidi (arachidi).

3 cipollotti (scalogno), tritati

1 spicchio d'aglio, schiacciato

2 fette di radice di zenzero, tritate

2 peperoni rossi, a dadini

450 g di capesante sbucciate

30 ml / 2 cucchiai di vino di riso o sherry secco

15 ml / 1 cucchiaio di salsa di soia

15 ml / 1 cucchiaio di salsa di fagioli gialli

5 ml / 1 cucchiaino di zucchero

5 ml / 1 cucchiaino di olio di sesamo

Scaldare l'olio e soffriggere il cipollotto, l'aglio e lo zenzero per 30 secondi. Aggiungere la paprika e friggere per 1 minuto. Aggiungere le capesante e rosolare per 30 secondi, quindi aggiungere il resto degli ingredienti e cuocere per circa 3 minuti, finché le capesante non saranno tenere.

Calamari con germogli di soia

Serve 4

450 g di calamari

30 ml / 2 cucchiai di olio di arachidi (arachidi).

15 ml / 1 cucchiaio di vino di riso o sherry secco

100 g di germogli di soia

15 ml / 1 cucchiaio di salsa di soia

Sale

1 peperoncino rosso tritato finemente

2 fette di radice di zenzero, tritate

2 cipollotti (scalogno), tritati

Togliere ai calamari la testa, le viscere e la membrana e tagliarli a pezzi grossi. Taglia un motivo su ogni pezzo. Far bollire l'acqua in una casseruola, aggiungere i calamari e cuocere a fuoco basso fino a quando i pezzi si arrotolano, quindi scolarli e scolarli. Scaldare metà dell'olio e friggere velocemente i calamari. Sfumare con vino o sherry. Nel frattempo, scaldare l'olio rimanente e cuocere a vapore i germogli di soia fino a renderli morbidi. Condire con salsa di soia e sale. Disporre il peperoncino, lo zenzero e il cipollotto intorno a un piatto da portata. Disponete al centro i germogli di soia e sopra i calamari. Servire subito.

calamaro fritto

Serve 4

50 g di farina 00 (per tutti gli usi).
25 g / 1 oz / ¬ tazza di farina di mais (amido di mais)
2,5 ml / ¬Ω cucchiaino di lievito in polvere
2,5 ml / ¬Ω cucchiaino di sale
1 uovo
75 ml / 5 cucchiai d'acqua
15 ml / 1 cucchiaio di olio di arachidi (arachidi).
450 g di calamari, tagliati ad anelli
friggiamo l'olio

Mescolare la farina, l'amido di mais, il lievito, il sale, l'uovo, l'acqua e l'olio fino ad ottenere un impasto. Immergere i calamari nella pastella finché non saranno ben ricoperti. Scaldare l'olio e friggere i calamari a poco a poco fino a doratura. Scolare su carta da cucina prima di servire.

Pacchetti di calamari

Serve 4

8 funghi cinesi secchi

450 g di calamari

100 g di prosciutto crudo

100 g di tofu

1 uovo sbattuto

15 ml/1 cucchiaio di farina (per tutti gli usi).

2,5 ml / ¬Ω cucchiaino di zucchero

2,5 ml / ¬Ω cucchiaino di olio di sesamo

sale e pepe macinato fresco

8 pelli wonton

friggiamo l'olio

Immergere i funghi in acqua tiepida per 30 minuti, quindi filtrare. Scartare i gambi. Pulire i calamari e tagliarli in 8 parti. Tagliare il prosciutto e il tofu in 8 parti. Mettili tutti in una ciotola. Mescolare le uova con la farina, lo zucchero, l'olio di sesamo, il sale e il pepe. Versare gli ingredienti nel contenitore e mescolare delicatamente. Metti un fungo e un pezzo di calamaro, prosciutto e tofu direttamente sotto il centro di ogni guscio di wonton. Ripiegare l'angolo inferiore, piegare lateralmente, quindi arrotolare, inumidire i bordi con acqua per sigillare. Scaldare l'olio e friggere le polpette per circa 8 minuti fino a doratura. Scolare bene prima di servire.

Involtini Di Calamari Fritti

Serve 4

45 ml / 3 cucchiai di olio di arachidi (arachidi).

225 g di anelli di calamari

1 peperone verde grande, a dadini

100 g di germogli di bambù, a fette

2 cipollotti (scalogno), tritati finemente

1 fetta di radice di zenzero, tritata finemente

45 ml / 2 cucchiai di salsa di soia

30 ml / 2 cucchiai di vino di riso o sherry secco
15 ml / 1 cucchiaio di farina di mais (amido di mais)
15 ml / 1 cucchiaio di brodo di pesce o acqua
5 ml / 1 cucchiaino di zucchero
5 ml / 1 cucchiaino di aceto di vino
5 ml / 1 cucchiaino di olio di sesamo
sale e pepe macinato fresco

Scaldate 15 ml/1 cucchiaio di olio e fate rosolare bene i calamari velocemente. Nel frattempo, scaldare l'olio rimanente in una padella a parte e friggere il peperone, i germogli di bambù, il cipollotto e lo zenzero per 2 minuti. Aggiungere i calamari e cuocere a fuoco lento per 1 minuto. Mescolare la salsa di soia, il vino o lo sherry, l'amido di mais, il brodo, lo zucchero, l'aceto di vino e l'olio di sesamo e condire con sale e pepe. Cuocere a fuoco lento fino a quando la salsa è chiara e addensata.

calamaro fritto

Serve 4

45 ml / 3 cucchiai di olio di arachidi (arachidi).
3 cipollotti (scalogno), tagliati a fette spesse
2 fette di radice di zenzero, tritate
450 g di calamari tagliati a pezzi
15 ml / 1 cucchiaio di salsa di soia
15 ml / 1 cucchiaio di vino di riso o sherry secco
5 ml / 1 cucchiaino di farina di mais (amido di mais)
15 ml / 1 cucchiaio di acqua

Scaldare l'olio e soffriggere il cipollotto e lo zenzero fino a renderli morbidi. Aggiungere i calamari e friggerli fino a ricoprirli di olio. Aggiungere la salsa di soia e il vino o lo sherry, coprire e cuocere a fuoco lento per 2 minuti. Mescolare la farina di mais e l'acqua fino ad ottenere una pasta, aggiungerla nella padella e cuocere a fuoco basso, mescolando, fino a quando la salsa si addensa e i calamari sono teneri.

Calamari con funghi secchi

Serve 4

50 g di funghi cinesi secchi
Anelli di calamaro da 450 g / 1 libbra
45 ml / 3 cucchiai di olio di arachidi (arachidi).
45 ml / 3 cucchiai di salsa di soia
2 cipollotti (scalogno), tritati finemente

1 fetta di radice di zenzero, tritata

225 g di germogli di bambù, tagliati a listarelle

30 ml / 2 cucchiai di farina di mais (amido di mais)

150 ml / ¬° pt / buona ¬Ω tazza di zuppa di pesce

Immergere i funghi in acqua tiepida per 30 minuti, quindi filtrare. Rimuovere i gambi e tagliare le cime. Sbollentare i calamari in acqua bollente per pochi secondi. Scaldate l'olio, poi aggiungete i funghi, la salsa di soia, i cipollotti e lo zenzero e fate soffriggere per 2 minuti. Aggiungere i calamari e i germogli di bambù e saltare per 2 minuti. Unire l'amido di mais e il brodo e mescolare nella padella. Cuocere a fuoco lento, mescolando, fino a quando la salsa si schiarisce e si addensa.

Calamari con verdure

Serve 4

45 ml / 3 cucchiai di olio di arachidi (arachidi).

1 cipolla, affettata

5 ml / 1 cucchiaino di sale

450 g di calamari tagliati a pezzi

100 g di germogli di bambù, a fette

2 gambi di sedano, tagliati in diagonale

60 ml / 4 cucchiai di brodo di pollo

5 ml / 1 cucchiaino di zucchero

100 g taccole (piselli)

5 ml / 1 cucchiaino di farina di mais (amido di mais)

15 ml / 1 cucchiaio di acqua

Scaldare l'olio e soffriggere la cipolla e il sale fino a doratura. Aggiungere i calamari e friggerli fino a ricoprirli di olio. Aggiungere i germogli di bambù e il sedano e rosolare per 3 minuti. Aggiungere il brodo e lo zucchero, portare ad ebollizione, coprire e cuocere a fuoco lento per 3 minuti fino a quando le verdure saranno morbide. Aggiungere la salsa piccante. Mescolare la farina di mais e l'acqua fino a quando non diventa una pasta, mescolarla nella padella e cuocere a fuoco lento, mescolando, fino a quando la salsa si addensa.

Spezzatino di manzo all'anice

Serve 4

30 ml / 2 cucchiai di olio di arachidi (arachidi).

Bistecca di manzo da 450 g/1 libbra

1 spicchio d'aglio, schiacciato

45 ml / 3 cucchiai di salsa di soia

15 ml / 1 cucchiaio di acqua

15 ml / 1 cucchiaio di vino di riso o sherry secco

5 ml / 1 cucchiaino di sale

5 ml / 1 cucchiaino di zucchero

2 spicchi di anice stellato

Scaldare l'olio e friggere la carne fino a doratura su tutti i lati. Aggiungere il resto degli ingredienti, portare a ebollizione, coprire e cuocere a fuoco lento per circa 45 minuti, quindi girare la carne e aggiungere ancora un po' di acqua e salsa di soia se la carne è asciutta. Cuocere per altri 45 minuti fino a quando la carne è tenera. Scartare l'anice stellato prima di servire.

Vitello con asparagi

Serve 4

450 g di osso di coda di vitello a dadini

30 ml / 2 cucchiai di salsa di soia

30 ml / 2 cucchiai di vino di riso o sherry secco

45 ml / 3 cucchiai di farina di mais (amido di mais)

45 ml / 3 cucchiai di olio di arachidi (arachidi).

5 ml / 1 cucchiaino di sale

1 spicchio d'aglio, schiacciato

350 g punte di asparagi

120 ml di brodo di pollo

15 ml / 1 cucchiaio di salsa di soia

Metti la bistecca in una ciotola. Mescolare la salsa di soia, il vino o lo sherry e 30 ml/2 cucchiai di amido di mais, versare sulla bistecca e mescolare bene. Lasciate marinare per 30 minuti. Scaldate l'olio con il sale e l'aglio e fate soffriggere fino a quando l'aglio sarà leggermente dorato. Aggiungere la carne e la marinata e cuocere a fuoco lento per 4 minuti. Aggiungere gli asparagi e farli saltare in padella per 2 minuti. Aggiungere il brodo e la salsa di soia, portare a ebollizione e cuocere, mescolando, per 3 minuti fino a quando la carne è tenera. Mescolare la restante maizena con un po' d'acqua o brodo e aggiungere alla salsa. Cuocere a fuoco lento per alcuni minuti, mescolando, fino a quando la salsa si alleggerisce e si addensa.

Manzo con germogli di bambù

Serve 4

45 ml / 3 cucchiai di olio di arachidi (arachidi).

1 spicchio d'aglio, schiacciato

1 cipollotto (cipolla), tritato finemente

1 fetta di radice di zenzero, tritata

225 g di manzo magro tagliato a listarelle

100 g di germogli di bambù

45 ml / 3 cucchiai di salsa di soia

15 ml / 1 cucchiaio di vino di riso o sherry secco

5 ml / 1 cucchiaino di farina di mais (amido di mais)

Scaldare l'olio e soffriggere l'aglio, il cipollotto e lo zenzero fino a doratura. Aggiungere la carne e friggere per 4 minuti fino a doratura. Aggiungere i germogli di bambù e friggere per 3 minuti. Aggiungere la salsa di soia, il vino o lo sherry e l'amido di mais e cuocere a fuoco lento per 4 minuti.

Manzo con germogli di bambù e funghi

Serve 4

225 g di manzo magro

45 ml / 3 cucchiai di olio di arachidi (arachidi).

1 fetta di radice di zenzero, tritata

100 g di germogli di bambù, a fette

100 g di funghi, affettati
45 ml / 3 cucchiai di vino di riso o sherry secco
5 ml / 1 cucchiaino di zucchero
10 ml / 2 cucchiaini di salsa di soia
sale pepe
120 ml di brodo di manzo
15 ml / 1 cucchiaio di farina di mais (amido di mais)
30 ml / 2 cucchiai d'acqua

Affettare la carne sottilmente rispetto alla grana. Scaldare l'olio e friggere lo zenzero per pochi secondi. Aggiungere la carne e friggere fino a doratura. Aggiungere i germogli di bambù e i funghi e saltare per 1 minuto. Aggiungere il vino o lo sherry, lo zucchero e la salsa di soia, quindi condire con sale e pepe. Aggiungere il brodo, portare a ebollizione, coprire e cuocere a fuoco lento per 3 minuti. Mescolare l'amido di mais e l'acqua, versare in una padella e cuocere a fuoco lento, mescolando, finché la salsa non si addensa.

Brasato di manzo cinese

Serve 4
45 ml / 3 cucchiai di olio di arachidi (arachidi).
Bistecca di manzo da 900 g
1 cipollotto (scalogno), affettato

1 spicchio d'aglio, tritato

1 fetta di radice di zenzero, tritata

60 ml / 4 cucchiai di salsa di soia

30 ml / 2 cucchiai di vino di riso o sherry secco

5 ml / 1 cucchiaino di zucchero

5 ml / 1 cucchiaino di sale

un pizzico di pepe

750 ml / 1° punti / 3 tazze di acqua bollente

Scaldare l'olio e friggere velocemente la carne su tutti i lati. Aggiungi cipollotti, aglio, zenzero, salsa di soia, vino o sherry, zucchero, sale e pepe. Portare a ebollizione mescolando. Aggiungere l'acqua bollente, riportare a ebollizione, mescolando, quindi coprire e cuocere a fuoco lento per circa 2 ore fino a quando la carne è tenera.

Manzo con germogli di soia

Serve 4

450 g di manzo magro, a fette

1 albume d'uovo

30 ml / 2 cucchiai di olio di arachidi (arachidi).

15 ml / 1 cucchiaio di farina di mais (amido di mais)

15 ml / 1 cucchiaio di salsa di soia

100 g di germogli di soia

25 g / 1 oz di crauti, tritati

1 peperoncino rosso tritato finemente

2 cipollotti (scalogno), tritati

2 fette di radice di zenzero, tritate

Sale

5 ml / 1 cucchiaino di salsa di ostriche

5 ml / 1 cucchiaino di olio di sesamo

Amalgamate la carne con l'albume, metà dell'olio, la maizena e la salsa di soia, quindi lasciate riposare per 30 minuti. Sbollentare i germogli di soia in acqua bollente per circa 8 minuti fino a renderli quasi morbidi, quindi scolarli. Scaldare l'olio rimanente e soffriggere leggermente la carne, quindi toglierla dalla padella. Aggiungere il cavolo, il peperoncino, lo zenzero, il sale, la salsa di ostriche e l'olio di sesamo e rosolare per 2 minuti. Aggiungere i germogli di soia e cuocere a fuoco lento per 2 minuti. Riportare la carne nella padella e scottare fino a quando non sarà ben amalgamata e riscaldata. Servire subito.

Manzo con broccoli

Serve 4

450 g di osso di coda di manzo, affettato sottilmente

30 ml / 2 cucchiai di farina di mais (amido di mais)

15 ml / 1 cucchiaio di vino di riso o sherry secco

15 ml / 1 cucchiaio di salsa di soia

30 ml / 2 cucchiai di olio di arachidi (arachidi).

5 ml / 1 cucchiaino di sale

1 spicchio d'aglio, schiacciato

225 g / 8 once di cimette di broccoli

150 ml / ¬° pt / generosa ¬Ω tazza di brodo di manzo

Metti la bistecca in una ciotola. Mescolare 15 ml/1 cucchiaio di amido di mais con il vino o lo sherry e la salsa di soia, aggiungere la carne e marinare per 30 minuti. Scaldate l'olio con il sale e l'aglio e fate soffriggere fino a quando l'aglio sarà leggermente dorato. Aggiungere la bistecca e la marinata e cuocere a fuoco lento per 4 minuti. Aggiungere i broccoli e friggere per 3 minuti. Aggiungere il brodo, portare ad ebollizione, coprire e cuocere a fuoco lento per 5 minuti fino a quando i broccoli saranno teneri ma ancora croccanti. Mescolare l'amido di mais rimanente con un po' d'acqua e aggiungere alla salsa. Cuocere a fuoco lento, mescolando, fino a quando la salsa diventa chiara e si addensa.

Manzo al sesamo con broccoli

Serve 4

150 g di manzo magro, affettato sottilmente

2,5 ml / ½ cucchiaino di salsa di ostriche

5 ml / 1 cucchiaino di farina di mais (amido di mais)

5 ml / 1 cucchiaino di aceto di vino bianco

60 ml / 4 cucchiai di olio di arachidi (arachidi).

100 g di cimette di broccoli

5 ml / 1 cucchiaino di salsa di pesce

2,5 ml / ½ cucchiaino di salsa di soia

250 ml / 8 fl oz / 1 tazza di brodo di manzo

30 ml / 2 cucchiai di semi di sesamo

Marinare la carne con la salsa di ostriche, 2,5 ml / ½ di cucchiaino di amido di mais, 2,5 ml / ½ di cucchiaino di aceto di vino e 15 ml / 1 cucchiaio di olio per 1 ora.

Nel frattempo, scaldare 15 ml / 1 cucchiaio di olio, aggiungere i broccoli, 2,5 ml / ¬Ω cucchiaino di salsa di pesce, la salsa di soia e l'aceto di vino rimanente e versare leggermente sull'acqua bollente. Cuocere a fuoco basso per circa 10 minuti fino a quando saranno teneri.

In una padella a parte scaldare 30 ml/2 cucchiai di olio e far rosolare brevemente la carne fino a doratura. Aggiungere il brodo, l'amido di mais rimanente e la salsa di pesce, portare a ebollizione, coprire e cuocere a fuoco lento per circa 10 minuti fino a quando la carne è tenera. Scolare i broccoli e metterli su un piatto caldo. Distribuire la parte superiore con carne e cospargere generosamente con semi di sesamo.

Carne grigliata

Serve 4

450 g di bistecca magra, a fette

60 ml / 4 cucchiai di salsa di soia

2 spicchi d'aglio, tritati

5 ml / 1 cucchiaino di sale

2,5 ml / ¬Ω cucchiaino di pepe appena macinato

10 ml / 2 cucchiaini di zucchero

Amalgamate tutti gli ingredienti e lasciate riposare per 3 ore. Su una griglia calda, ca.

Carne cantonese

Serve 4

30 ml / 2 cucchiai di farina di mais (amido di mais)

Montare 2 albumi a neve ferma

450 g di bistecca, tagliata a listarelle

friggiamo l'olio
4 gambi di sedano, affettati
2 cipolle, affettate
60 ml / 4 cucchiai d'acqua
20 ml / 4 cucchiaini di sale
75 ml / 5 cucchiai di salsa di soia
60 ml / 4 cucchiai di vino di riso o sherry secco
30 ml / 2 cucchiai di zucchero
pepe appena macinato

Mescolare metà dell'amido di mais con l'albume. Aggiungere la bistecca e mescolare per ricoprire la carne con il composto. Riscaldare l'olio e friggere la bistecca fino a doratura. Togliere dalla padella e scolare su carta da cucina. Scaldare 15 ml/1 cucchiaio di olio e soffriggere il sedano e la cipolla per 3 minuti. Aggiungere la carne, l'acqua, il sale, la salsa di soia, il vino o lo sherry e lo zucchero, quindi insaporire con il pepe. Portare a ebollizione e cuocere a fuoco lento, mescolando, fino a quando la salsa si addensa.

Manzo con carote

Serve 4

30 ml / 2 cucchiai di olio di arachidi (arachidi).
450 g di manzo magro, tagliato a cubetti

2 cipollotti (scalogno), affettati

2 spicchi d'aglio, tritati

1 fetta di radice di zenzero, tritata

250 ml / 8 fl oz / 1 tazza di salsa di soia

30 ml / 2 cucchiai di vino di riso o sherry secco

30 ml / 2 cucchiai di zucchero di canna

5 ml / 1 cucchiaino di sale

600 ml / 1 pt / 2 ¬Ω tazza d'acqua

4 carote, tagliate in diagonale

Scaldare l'olio e friggere la carne fino a doratura. Scolare l'olio in eccesso, aggiungere lo scalogno, l'aglio, lo zenzero e l'anice e cuocere a fuoco lento per 2 minuti. Aggiungere la salsa di soia, il vino o lo sherry, lo zucchero e il sale e mescolare bene. Aggiungere l'acqua, portare a ebollizione, coprire e cuocere a fuoco lento per 1 ora. Aggiungere le carote, coprire e cuocere per altri 30 minuti. Togliere il coperchio e cuocere a fuoco lento fino a quando la salsa non sarà sparita.

Manzo con anacardi

Serve 4

60 ml / 4 cucchiai di olio di arachidi (arachidi).

450 g di osso di coda di manzo, affettato sottilmente

8 cipollotti (scalogno), a dadini

2 spicchi d'aglio, tritati

1 fetta di radice di zenzero, tritata

75 g / 3 once / ¬œ tazza di anacardi tostati

120 ml / 4 fl oz / ¬Ω tazza d'acqua

20 ml / 4 cucchiaini di farina di mais (amido di mais)

20 ml / 4 cucchiaini di salsa di soia

5 ml / 1 cucchiaino di olio di sesamo

5 ml / 1 cucchiaino di salsa di ostriche

5 ml / 1 cucchiaino di salsa piccante

Scaldare metà dell'olio e friggere la carne fino a doratura. Togliere dalla padella. Riscaldare l'olio rimanente e soffriggere i cipollotti, l'aglio, lo zenzero e gli anacardi per 1 minuto. Riporta la carne nella padella. Mescolare il resto degli ingredienti e versare il composto nella padella. Portare a ebollizione e cuocere a fuoco lento, mescolando, fino a quando il composto si addensa.

Fornello lento di manzo

Serve 4

30 ml / 2 cucchiai di olio di arachidi (arachidi).

450 g di spezzatino di manzo a dadini

3 fette di radice di zenzero, tritate

3 carote, affettate

1 rapa, a dadini

15 ml / 1 cucchiaio di datteri neri snocciolati
15 ml / 1 cucchiaio di semi di loto
30 ml / 2 cucchiai di concentrato di pomodoro √ © e (pasta)
10 ml / 2 cucchiai di sale
900 ml / 1¬Ω pt / 3¬œ tazza di brodo di manzo
250 ml / 8 fl oz / 1 tazza di vino di riso o sherry secco

Scaldare l'olio in una padella capiente o in una padella antiaderente e friggere la carne fino a doratura su tutti i lati.

Manzo con cavolfiore

Serve 4

225 g di cimette di cavolfiore
friggiamo l'olio
225 g di manzo tagliato a listarelle
50 g di germogli di bambù tagliati a listarelle
10 castagne d'acqua tagliate a listarelle
120 ml di brodo di pollo

15 ml / 1 cucchiaio di salsa di soia
15 ml / 1 cucchiaio di salsa di ostriche
15 ml / 1 cucchiaio concentrato di pomodoro √ © e (pasta)
15 ml / 1 cucchiaio di farina di mais (amido di mais)
2,5 ml / ¬Ω cucchiaino di olio di sesamo

Sbollentate il cavolfiore in acqua bollente per 2 minuti, quindi scolatelo. Scaldare l'olio e friggere il cavolfiore fino a doratura. Scolare su carta da cucina e scolare. Scaldate l'olio e friggete la carne fino a farla rosolare leggermente, quindi filtratela e scolatela. Versare tutto tranne 15 ml/1 cucchiaio di olio e rosolare i germogli di bambù e le castagne d'acqua per 2 minuti. Aggiungere il resto degli ingredienti, portare a ebollizione e cuocere a fuoco lento, mescolando, finché la salsa non si addensa. Riportare la carne e il cavolfiore nella padella e scaldare delicatamente. Servire subito.

Vitello con sedano

Serve 4

100 g di sedano, tagliato a listarelle
45 ml / 3 cucchiai di olio di arachidi (arachidi).
2 cipollotti (scalogno), tritati
1 fetta di radice di zenzero, tritata
225 g di manzo magro tagliato a listarelle

30 ml / 2 cucchiai di salsa di soia

30 ml / 2 cucchiai di vino di riso o sherry secco

2,5 ml / ½ cucchiaino di zucchero

2,5 ml / ½ cucchiaino di sale

Sbollentare il sedano in acqua bollente per 1 minuto, quindi scolare bene. Scaldare l'olio e soffriggere il cipollotto e lo zenzero fino a doratura. Aggiungere la carne e soffriggere per 4 minuti. Aggiungere il sedano e soffriggere per 2 minuti. Aggiungere la salsa di soia, il vino o lo sherry, lo zucchero e il sale e cuocere a fuoco lento per 3 minuti.

Fette di roast beef con sedano

Serve 4

30 ml / 2 cucchiai di olio di arachidi (arachidi).

450 g di manzo magro, tagliato a scaglie

3 gambi di sedano, tritati

1 cipolla tritata finemente

1 cipollotto (scalogno), affettato

1 fetta di radice di zenzero, tritata

30 ml / 2 cucchiai di salsa di soia

15 ml / 1 cucchiaio di vino di riso o sherry secco

2,5 ml / ¬Ω cucchiaino di zucchero

2,5 ml / ¬Ω cucchiaino di sale

10 ml / 2 cucchiaini di farina di mais (amido di mais)

30 ml / 2 cucchiai d'acqua

Scaldare metà dell'olio molto caldo e friggere la carne per 1 minuto fino a doratura. Togliere dalla padella. Scaldare l'olio rimanente e cuocere a vapore leggermente il sedano, la cipolla, il cipollotto e lo zenzero. Rimettere la carne nella padella con la salsa di soia, il vino o lo sherry, lo zucchero e il sale, portare a ebollizione e cuocere a fuoco lento per riscaldare. Unire l'amido di mais e l'acqua, mescolare nella padella e cuocere a fuoco lento finché la salsa non si addensa. Servire subito.

Tagliata di manzo con pollo e sedano

Serve 4

4 funghi cinesi secchi

45 ml / 3 cucchiai di olio di arachidi (arachidi).

2 spicchi d'aglio, tritati

1 radice di zenzero, affettata e macinata

5 ml / 1 cucchiaino di sale

100 g di manzo magro tagliato a listarelle

100 g di pollo tagliato a listarelle

2 carote, tagliate a listarelle

2 gambi di sedano, tagliati a listarelle

4 cipollotti (scalogno), tagliati a listarelle

5 ml / 1 cucchiaino di zucchero

5 ml / 1 cucchiaino di salsa di soia

5 ml / 1 cucchiaino di vino di riso o sherry secco

45 ml / 3 cucchiai d'acqua

5 ml / 1 cucchiaino di farina di mais (amido di mais)

Immergere i funghi in acqua tiepida per 30 minuti, quindi filtrare. Rimuovere i gambi e tagliare le cappelle. Scaldare l'olio e soffriggere l'aglio, lo zenzero e il sale fino a doratura. Aggiungere la carne di manzo e il pollo e cuocere fino a quando non iniziano a dorare. Aggiungere il sedano, il cipollotto, lo zucchero, la salsa di soia, il vino o lo sherry e l'acqua e portare a ebollizione. Coprire e cuocere a fuoco lento per circa 15 minuti fino a quando la carne è tenera. Mescolare la maizena con un po' d'acqua, unirla alla salsa e cuocere a fuoco lento, mescolando, finché la salsa non si addensa.

Carne con peperoncino

Serve 4

450 g di filetto di manzo tagliato a listarelle
45 ml / 3 cucchiai di salsa di soia
15 ml / 1 cucchiaio di vino di riso o sherry secco
15 ml / 1 cucchiaio di zucchero di canna
15 ml / 1 cucchiaio di radice di zenzero tritata finemente
30 ml / 2 cucchiai di olio di arachidi (arachidi).
50 g di germogli di bambù, tagliati a fiammiferi
1 cipolla, tagliata a listarelle
1 costa di sedano, tagliata a fiammiferi
2 peperoncini rossi, privati dei semi e tagliati a listarelle
120 ml di brodo di pollo
15 ml / 1 cucchiaio di farina di mais (amido di mais)

Metti la bistecca in una ciotola. Mescolare la salsa di soia, il vino o lo sherry, lo zucchero e lo zenzero e mescolare con la bistecca. Lasciar marinare per 1 ora. Rimuovere la bistecca dalla marinata. Scaldare metà dell'olio e friggere i germogli di bambù, la cipolla, il sedano e il peperoncino per 3 minuti, quindi togliere dalla padella. Riscaldare l'olio rimanente e friggere la bistecca per 3 minuti. Mescolare la marinata, portare a ebollizione e aggiungere le verdure arrostite. Cuocere, mescolando, per 2 minuti. Mescolare il brodo e l'amido di mais e aggiungere nella padella. Portare a ebollizione e cuocere a fuoco lento, mescolando, fino a quando la salsa si schiarisce e si addensa.

Cavolo cinese di manzo

Serve 4

225 g di manzo magro
30 ml / 2 cucchiai di olio di arachidi (arachidi).
350 g cavolo cinese, grattugiato
120 ml di brodo di manzo
sale e pepe macinato fresco

10 ml / 2 cucchiaini di farina di mais (amido di mais)
30 ml / 2 cucchiai d'acqua

Affettare la carne sottilmente rispetto alla grana. Scaldare l'olio e friggere la carne fino a doratura. Aggiungere il bok choy e saltare fino a quando non si ammorbidisce leggermente. Aggiungere la zuppa, portare a ebollizione, condire con sale e pepe. Coprire e cuocere a fuoco lento per 4 minuti fino a quando la carne è tenera. Mescolare l'amido di mais e l'acqua, versare in una padella e cuocere a fuoco lento, mescolando, finché la salsa non si addensa.

Braciola Di Vitello Suey

Serve 4

3 gambi di sedano, affettati
100 g di germogli di soia
100 g di cimette di broccoli
60 ml / 4 cucchiai di olio di arachidi (arachidi).

3 cipollotti (scalogno), tritati

2 spicchi d'aglio, tritati

1 fetta di radice di zenzero, tritata

225 g di manzo magro tagliato a listarelle

45 ml / 3 cucchiai di salsa di soia

15 ml / 1 cucchiaio di vino di riso o sherry secco

5 ml / 1 cucchiaino di sale

2,5 ml / ¬Ω cucchiaino di zucchero

pepe appena macinato

15 ml / 1 cucchiaio di farina di mais (amido di mais)

Sbollentare il sedano, i germogli di soia ei broccoli in acqua bollente per 2 minuti, quindi scolarli e asciugarli. Scaldare 45 ml / 3 cucchiai di olio e soffriggere i cipollotti, l'aglio e lo zenzero fino a doratura. Aggiungere la carne e soffriggere per 4 minuti. Togliere dalla padella. Riscaldare l'olio rimanente e friggere le verdure per 3 minuti. Aggiungere la carne, la salsa di soia, il vino o lo sherry, il sale, lo zucchero e un pizzico di pepe e cuocere a fuoco lento per 2 minuti. Mescolare la maizena con un po' d'acqua, versarla nella padella e cuocere a fuoco lento, mescolando, fino a quando la salsa si schiarisce e si addensa.

manzo con cetriolo

Serve 4

450 g di osso di coda di manzo, affettato sottilmente
45 ml / 3 cucchiai di salsa di soia
30 ml / 2 cucchiai di farina di mais (amido di mais)
60 ml / 4 cucchiai di olio di arachidi (arachidi).
2 cetrioli, sbucciati, privati del torsolo e affettati
60 ml / 4 cucchiai di brodo di pollo
30 ml / 2 cucchiai di vino di riso o sherry secco
sale e pepe macinato fresco

Metti la bistecca in una ciotola. Mescolare insieme la salsa di soia e l'amido di mais e mescolare con la bistecca. Lasciate marinare per 30 minuti. Scaldare metà dell'olio e rosolare il cetriolo fino a renderlo opaco in 3 minuti, quindi toglierlo dalla padella. Riscaldare l'olio rimanente e friggere la bistecca fino a doratura. Aggiungere il cetriolo e saltare per 2 minuti. Aggiungere il brodo, il vino o lo sherry e condire con sale e pepe. Portare a ebollizione, coprire e cuocere a fuoco lento per 3 minuti.

carne chow mein

Serve 4

Filetto di controfiletto 750 g / 1 ¬Ω lb
2 cipolle
45 ml / 3 cucchiai di salsa di soia
45 ml / 3 cucchiai di vino di riso o sherry secco
15 ml / 1 cucchiaio di burro di arachidi
5 ml / 1 cucchiaino di succo di limone
350 g di pasta all'uovo
60 ml / 4 cucchiai di olio di arachidi (arachidi).
175 ml / 6 fl oz / ¬œ tazza Zuppa di pollo
15 ml / 1 cucchiaio di farina di mais (amido di mais)
30 ml / 2 cucchiai di salsa di ostriche
4 cipollotti (scalogno), tritati
3 gambi di sedano, affettati
100 g di funghi, affettati
1 peperone verde, tagliato a listarelle
100 g di germogli di soia

Tagliare e tagliare il grasso dalla carne. Tagliare il parmigiano trasversalmente a fettine sottili. Tagliare la cipolla a rondelle, separare gli strati. Mescolare 15 ml/1 cucchiaio di salsa di soia con 15 ml/1 cucchiaio di vino o sherry, burro di arachidi e succo di limone. Aggiungere la carne, coprire e lasciare riposare per 1 ora. Cuocere la pasta in acqua bollente per circa 5 minuti o fino a quando sarà tenera. Scolare bene. Scaldare 15 ml/1 cucchiaio di olio, aggiungere 15 ml/1 cucchiaio di salsa di soia e la pasta e friggere per 2 minuti fino a doratura. Mettere su un piatto caldo.

Mescolare la salsa di soia rimanente e il vino o lo sherry con brodo, amido di mais e salsa di ostriche. Scaldare 15 ml/1 cucchiaio di olio e soffriggere la cipolla per 1 minuto. Aggiungere il sedano, i funghi, il pepe e i germogli di soia e rosolare per 2 minuti. Togliere dal wok. Riscaldare l'olio rimanente e friggere la carne fino a doratura. Aggiungere il brodo, portare a ebollizione, coprire e cuocere a fuoco lento per 3 minuti. Riporta le verdure nel wok e saltale in padella per circa 4 minuti finché non sono calde. Versate il composto sulla pasta e servite.

bistecca di cetriolo

Serve 4

450 g di filetto di controfiletto

10 ml / 2 cucchiaini di farina di mais (amido di mais)
10 ml / 2 cucchiaini di sale
2,5 ml / ¬Ω cucchiaino di pepe appena macinato
90 ml / 6 cucchiai di olio di arachidi (arachidi).
1 cipolla, tritata finemente
1 cetriolo, sbucciato e affettato
120 ml di brodo di manzo

Tagliate la bistecca a listarelle e poi a fette sottili contropelo. Mettere in una ciotola e aggiungere la maizena, il sale, il pepe e metà dell'olio. Lasciate marinare per 30 minuti. Riscaldare l'olio rimanente e friggere la carne e la cipolla fino a doratura. Aggiungere il cetriolo e il brodo, portare a ebollizione, coprire e cuocere a fuoco lento per 5 minuti.

Arrosto di manzo al curry

Serve 4

45 ml / 3 cucchiai di burro

15 ml / 1 cucchiaio di curry in polvere

45 ml / 3 cucchiai di farina (per tutti gli usi).

375 ml / 13 fl oz / 1½ tazza di latte

15 ml / 1 cucchiaio di salsa di soia

sale e pepe macinato fresco

450 g di carne macinata cotta

100 g di piselli

2 carote, tritate finemente

2 cipolle, tritate

225 g di riso a chicco lungo cotto, caldo

1 uovo sodo (bollito), affettato

Sciogliere il burro, aggiungere il curry e la farina e cuocere per 1 minuto. Aggiungere il latte e la salsa di soia, portare a ebollizione e cuocere a fuoco lento per 2 minuti, mescolando. Condire con sale e pepe. Aggiungere la carne di manzo, i piselli, le carote e le cipolle e mescolare bene per ricoprire con la salsa. Aggiungere il riso, quindi trasferire il composto in una teglia e cuocere in forno preriscaldato a 200 ∞ C / 400 ∞ F / gas mark 6 per 20 minuti, finché le verdure non saranno tenere. Servire guarnendo con fettine di uovo sodo.

abalone in salamoia

Serve 4

Abalone in scatola da 450 g / 1 libbra

45 ml / 3 cucchiai di salsa di soia

30 ml / 2 cucchiai di aceto di vino

5 ml / 1 cucchiaino di zucchero

qualche goccia di olio di sesamo

Scolare l'abalone e tagliarlo a fettine sottili o strisce. Mescolare gli altri ingredienti, versare sopra l'abalone e mescolare bene. Coprire e conservare in frigorifero per 1 ora.

Germogli di bambù al vapore

Serve 4

60 ml / 4 cucchiai di olio di arachidi (arachidi).
225 g di germogli di bambù, tagliati a listarelle
60 ml / 4 cucchiai di brodo di pollo
15 ml / 1 cucchiaio di salsa di soia
5 ml / 1 cucchiaino di zucchero
5 ml / 1 cucchiaino di vino di riso o sherry secco

Riscaldare l'olio e friggere i germogli di bambù per 3 minuti. Mescolare il brodo, la salsa di soia, lo zucchero e il vino o lo sherry e versare nella padella. Coprire e cuocere a fuoco basso per 20 minuti. Lasciare intiepidire e raffreddare prima di servire.

Pollo al cetriolo

Serve 4

1 cetriolo, sbucciato e privato del torsolo
225 g di pollo bollito tagliato a pezzetti
5 ml / 1 cucchiaino di senape in polvere
2,5 ml / ½ cucchiaino di sale
30 ml / 2 cucchiai di aceto di vino

Tagliare il cetriolo a listarelle e metterlo su un piatto. Disporre sopra il pollo. Mescolare la senape, il sale e l'aceto di vino e versare sul pollo poco prima di servire.

pollo al sesamo

Serve 4

350 g di pollo bollito

120 ml / 4 fl oz / ½ tazza d'acqua

5 ml / 1 cucchiaino di senape in polvere

15 ml / 1 cucchiaio di semi di sesamo

2,5 ml / ½ cucchiaino di sale

un pizzico di zucchero

45 ml / 3 cucchiai di coriandolo fresco tritato

5 cipollotti (scalogno), tritati

½ cespo di lattuga, grattugiato

Tagliare il pollo a listarelle sottili. Mescolare abbastanza acqua con la senape per fare una pasta liscia e aggiungerla al pollo. Tostare i semi di sesamo in una padella asciutta fino a quando non saranno leggermente dorati, quindi aggiungerli al pollo e cospargere di sale e zucchero. Aggiungere metà del prezzemolo e del cipollotto e mescolare bene. Disporre l'insalata sul piatto di portata, guarnire con il composto di pollo e guarnire con il prezzemolo rimasto.

Litchi allo zenzero

Serve 4

1 anguria grande tagliata a metà e senza semi
450 g di litchi in scatola, scolati
5 cm / 2 gambi di zenzero, affettati
alcune foglie di menta

Farcire metà del melone con litchi e zenzero, decorare con una foglia di menta. Raffreddare prima di servire.

Ali di pollo bollite rosse

Serve 4

8 ali di pollo
2 cipollotti (scalogno), tritati
75 ml / 5 cucchiai di salsa di soia
120 ml / 4 fl oz / ¬Ω tazza d'acqua
30 ml / 2 cucchiai di zucchero di canna

Tagliare e scartare l'estremità ossuta dell'ala di pollo e tagliarla a metà. Mettetela in una casseruola con gli altri ingredienti, portate a ebollizione, coprite e cuocete a fuoco basso per 30 minuti. Togliere il coperchio e cuocere a fuoco lento per altri 15 minuti, imbastendo spesso. Lasciare raffreddare prima di servire, quindi conservare in frigorifero.

Polpa di granchio con cetriolo

Serve 4

100 g polpa di granchio, a scaglie
2 cetrioli, sbucciati e tritati
1 fetta di radice di zenzero, tritata
15 ml / 1 cucchiaio di salsa di soia
30 ml / 2 cucchiai di aceto di vino
5 ml / 1 cucchiaino di zucchero
qualche goccia di olio di sesamo

Metti la polpa di granchio e il cetriolo in una ciotola. Mescolare gli altri ingredienti, versare sopra il composto di polpa di granchio e mescolare bene. Coprire e conservare in frigorifero per 30 minuti prima di servire.

funghi in salamoia

Serve 4

225 g di funghi porcini
30 ml / 2 cucchiai di salsa di soia
15 ml / 1 cucchiaio di vino di riso o sherry secco
pizzico di sale
qualche goccia di Tabasco
qualche goccia di olio di sesamo

Sbollentare i funghi in acqua bollente per 2 minuti, quindi filtrare e asciugare. Mettilo in una ciotola e versaci sopra il resto degli ingredienti. Mescolate bene e lasciate raffreddare prima di servire.

Funghi all'aglio marinati

Serve 4

225 g di funghi porcini
3 spicchi d'aglio, tritati
30 ml / 2 cucchiai di salsa di soia
30 ml / 2 cucchiai di vino di riso o sherry secco
15 ml / 1 cucchiaio di olio di sesamo
pizzico di sale

Metti i funghi e l'aglio in uno scolapasta, versa acqua bollente e lascia per 3 minuti. Scolare e asciugare bene. Mescolare gli altri ingredienti, versare la marinata sui funghi e marinare per 1 ora.

Gamberi e cavolfiore

Serve 4

225 g di cimette di cavolfiore
100 g di gamberi sgusciati
15 ml / 1 cucchiaio di salsa di soia
5 ml / 1 cucchiaino di olio di sesamo

A parte lessate il cavolfiore per circa 5 minuti, finché non sarà morbido ma ancora croccante. Mescolare con i gamberi, cospargere con salsa di soia e olio di sesamo, quindi mescolare. Raffreddare prima di servire.

Bastoncini di prosciutto al sesamo

Serve 4

225 g di prosciutto, tagliato a listarelle
10 ml / 2 cucchiaini di salsa di soia
2,5 ml / ½ cucchiaino di olio di sesamo

Disporre il prosciutto in un piatto da portata. Mescolare la salsa di soia e l'olio di sesamo, cospargere con il prosciutto e servire.

tofu freddo

Serve 4

450 g di tofu, a fette
45 ml / 3 cucchiai di salsa di soia
45 ml / 3 cucchiai di olio di arachidi (arachidi).
pepe appena macinato

Mettete il tofu, qualche fetta, in uno scolapasta e immergetelo in acqua bollente per 40 secondi, poi scolatelo e mettetelo su un piatto. Lasciar raffreddare. Mescolare la salsa di soia e l'olio, cospargere con il tofu e servire cospargendo di pepe.

Pollo con pancetta

Serve 4

225 g di pollo, affettato molto sottilmente

75 ml / 5 cucchiai di salsa di soia

15 ml / 1 cucchiaio di vino di riso o sherry secco

1 spicchio d'aglio, schiacciato

15 ml / 1 cucchiaio di zucchero di canna

5 ml / 1 cucchiaino di sale

5 ml / 1 cucchiaino di radice di zenzero macinata

225 g di pancetta magra, tagliata a cubetti

100 g di castagne d'acqua, tagliate sottilissime

30 ml / 2 cucchiai di miele

Metti il pollo in una ciotola. Mescolare 45 ml/3 cucchiai di salsa di soia con vino o sherry, aglio, zucchero, sale e zenzero, versare sul pollo e marinare per ca. per 3 ore. Mettere il pollo, la pancetta e le castagne sullo spiedo del kebab. Mescolare la restante salsa di soia con il miele e spennellare gli spiedini. Grigliare (grigliare) sotto una griglia calda per circa 10 minuti fino a cottura ultimata, girando spesso e ungendo con più glassa durante la cottura.

Patatine fritte di pollo e banana

Serve 4

2 petti di pollo bolliti

2 banane dure

6 fette di pane

4 uova

120 ml / 4 fl oz / ¬Ω tazza di latte

50 g / 2 oz / ¬Ω tazza di farina per tutti gli usi.

225 g / 8 once / 4 tazze di pangrattato fresco

friggiamo l'olio

Tagliare il pollo in 24 pezzi. Sbucciare la banana e tagliarla longitudinalmente in quarti. Taglia ogni quarto in terzi per ottenere 24 pezzi. Tagliare la crosta del pane e tagliarlo in quarti. Sbattere l'uovo e il latte e dipingere un lato del pane. Metti un pezzo di pollo e un pezzo di banana sul lato ricoperto di uovo di ogni pezzo di pane. Infarinate leggermente i quadrati, poi passateli nell'uovo e passateli nel pangrattato. Ripassare l'uovo e il pangrattato. Scaldare l'olio e friggere in pochi quadrati fino a doratura. Scolare su carta da cucina prima di servire.

Pollo allo zenzero e funghi

Serve 4

225 g di filetto di petto di pollo

5 ml / 1 cucchiaino di cinque spezie in polvere

15 ml/1 cucchiaio di farina (per tutti gli usi).

120 ml / 4 fl oz / ¬Ω tazza di olio di arachidi (arachidi).

4 scalogni tagliati a metà

1 spicchio d'aglio, affettato

1 fetta di radice di zenzero, tritata

25 g / 1 oz / ¬° tazza di anacardi

5 ml / 1 cucchiaino di miele

15 ml / 1 cucchiaio di farina di riso

75 ml / 5 cucchiai di vino di riso o sherry secco

100 g di funghi tagliati in quattro

2,5 ml / ¬Ω cucchiaino di curcuma

6 peperoncini gialli tagliati a metà

5 ml / 1 cucchiaino di salsa di soia

¬¬ succo di limone

sale pepe

4 foglie di lattuga croccanti

Tagliate il petto di pollo con il parmigiano in diagonale a striscioline sottili. Cospargere con polvere di cinque spezie e ricoprire sottilmente di farina. Scaldare 15 ml/1 cucchiaio di olio e friggere il pollo fino a doratura. Togliere dalla padella. Scaldare ancora un po' d'olio e soffriggere lo scalogno, l'aglio, lo zenzero e gli anacardi per 1 minuto. Aggiungere il miele e mescolare finché le verdure non saranno ricoperte. Cospargere di farina, quindi aggiungere il vino o lo sherry. Aggiungere i funghi, la curcuma e il peperoncino e cuocere per 1 minuto. Aggiungere il pollo, la salsa di soia, metà del succo di limone, sale e pepe, quindi scaldare. Togliere dalla padella e tenere al caldo. Scaldate ancora un filo d'olio, aggiungete le foglie di insalata e fatele soffriggere velocemente, condite con sale e pepe e il restante succo di lime.

pollo e prosciutto

Serve 4

225 g di pollo, affettato molto sottilmente
75 ml / 5 cucchiai di salsa di soia
15 ml / 1 cucchiaio di vino di riso o sherry secco
15 ml / 1 cucchiaio di zucchero di canna
5 ml / 1 cucchiaino di radice di zenzero macinata
1 spicchio d'aglio, schiacciato
225 g di prosciutto cotto a dadini
30 ml / 2 cucchiai di miele

Mettere il pollo in una ciotola con 45 ml/3 cucchiai di salsa di soia, vino o sherry, zucchero, zenzero e aglio. Lasciate marinare per 3 ore. Metti il pollo e il prosciutto sullo spiedino di kebab. Mescolare la restante salsa di soia con il miele e spennellare gli spiedini. Grigliare (grigliare) sotto una griglia calda per circa 10 minuti, girando spesso e ungendo con la glassa durante la cottura.

Fegato di pollo alla griglia

Serve 4

450 g di fegato di pollo
45 ml / 3 cucchiai di salsa di soia
15 ml / 1 cucchiaio di vino di riso o sherry secco
15 ml / 1 cucchiaio di zucchero di canna
5 ml / 1 cucchiaino di sale
5 ml / 1 cucchiaino di radice di zenzero macinata
1 spicchio d'aglio, schiacciato

Sbollentare i fegatini di pollo in acqua bollente per 2 minuti, quindi scolarli bene. Mettere in una ciotola con tutti gli altri ingredienti tranne l'olio e far marinare per circa 3 ore. Metti i fegatini di pollo sullo spiedo del kebab e grigliali sotto una griglia calda per circa 8 minuti fino a doratura.

Polpette di granchio con castagne d'acqua

Serve 4

450 g polpa di granchio tritata
100 g di castagne d'acqua tritate finemente
1 spicchio d'aglio, schiacciato
1 cm/¬Ω di radice di zenzero affettata, tritata
45 ml / 3 cucchiai di farina di mais (amido di mais)
30 ml / 2 cucchiai di salsa di soia
15 ml / 1 cucchiaio di vino di riso o sherry secco
5 ml / 1 cucchiaino di sale
5 ml / 1 cucchiaino di zucchero
3 uova sbattute
friggiamo l'olio

Impastare tutti gli ingredienti tranne l'olio e formare delle palline. Scaldare l'olio e friggere le polpette di granchio fino a doratura. Scolare bene prima di servire.

dim somma

Serve 4

100 g di gamberi sgusciati, tagliati a pezzetti
225 g di maiale magro, tritato finemente
50 g cavolo cinese tritato finemente
3 cipollotti (scalogno), tritati
1 uovo sbattuto
30 ml / 2 cucchiai di farina di mais (amido di mais)
10 ml / 2 cucchiaini di salsa di soia
5 ml / 1 cucchiaino di olio di sesamo
5 ml / 1 cucchiaino di salsa di ostriche
24 pelli wonton
friggiamo l'olio

Mescolare i gamberi, il maiale, il cavolo e il cipollotto. Mescolare l'uovo, l'amido di mais, la salsa di soia, l'olio di sesamo e la salsa di ostriche. Metti un cucchiaio del composto al centro di ogni pelle di wonton. Avvolgi con cura il ripieno, piega i bordi, ma lascia la parte superiore aperta. Scaldare l'olio e friggere i dim sum poco alla volta fino a doratura. Scolare bene e servire caldo.

Involtini di pollo e prosciutto

Serve 4

2 petti di pollo
1 spicchio d'aglio, schiacciato
2,5 ml / ¬Ω cucchiaino di sale
2,5 ml / ¬Ω cucchiaino di cinque spezie in polvere
4 fette di prosciutto cotto
1 uovo sbattuto
30 ml / 2 cucchiai di latte
25 g / 1 oz / ¬° tazza di farina semplice (per tutti gli usi).
4 pelli di rotolo di uova
friggiamo l'olio

Tagliate a metà i petti di pollo. Batterli molto sottili. Mescolare l'aglio, il sale e la polvere di cinque spezie e cospargere il pollo. Metti una fetta di prosciutto sopra ogni pezzo di pollo e arrotolalo bene. Mescolare l'uovo e il latte. Infarinate leggermente i pezzi di pollo, poi passateli nel composto di uova. Mettere ogni pezzo sulla pelle di un involtino e spennellare i bordi con l'uovo sbattuto. Piegare i lati, quindi arrotolare, pizzicando i bordi per sigillare. Riscaldare l'olio e friggere gli involtini fino a doratura in circa 5 minuti.

dorata e cotta. Scolare su carta da cucina, quindi affettare spesso in diagonale per servire.

Riccioli di prosciutto cotto

Serve 4

350 g / 12 oz / 3 tazze di farina (per tutti gli usi).

175 g / 6 once / ¬œ tazza di burro

120 ml / 4 fl oz / ¬Ω tazza d'acqua

225 g di prosciutto tritato

100 g di germogli di bambù tritati

2 cipollotti (scalogno), tritati

15 ml / 1 cucchiaio di salsa di soia

30 ml / 2 cucchiai di semi di sesamo

Mettete la farina in una ciotola e aggiungete il burro. Mescolare con acqua per fare una pasta. Stendere la pasta e ricavare dei cerchi di 5 cm/2 cm. Mescolare tutti gli altri ingredienti tranne i semi di sesamo e metterli a cucchiaiate tutt'intorno. Spennellare i bordi della pasta sfoglia con acqua e sigillare. Spennellare l'esterno con acqua e cospargere con semi di sesamo. Cuocere in forno preriscaldato a 180¬∞C / 350¬∞F / gas mark 4 per 30 minuti.

pesce pseudo affumicato

Serve 4

1 branzino

3 fette di radice di zenzero, a fette

1 spicchio d'aglio, schiacciato

1 cipollotto (scalogno), spesso affettato

75 ml / 5 cucchiai di salsa di soia

30 ml / 2 cucchiai di vino di riso o sherry secco

2,5 ml / ¬Ω cucchiaino di anice macinato

2,5 ml / ¬Ω cucchiaino di olio di sesamo

10 ml / 2 cucchiaini di zucchero

120 ml / 4 fl oz / ¬Ω tazza di brodo

friggiamo l'olio

5 ml / 1 cucchiaino di farina di mais (amido di mais)

Sbucciare il pesce e tagliarlo a fette filamentose di 5 mm. Mescolare lo zenzero, l'aglio, il cipollotto, 60 ml/4 cucchiai di salsa di soia, lo sherry, l'anice e l'olio di sesamo. Versalo sul pesce e lascia che abbia un profumo delizioso. Lasciare riposare per 2 ore, mescolando di tanto in tanto.

Scolare la marinata in una padella e stendere il pesce su carta da cucina. Aggiungere lo zucchero, il brodo e la restante salsa di soia.

marinare, portare a ebollizione e cuocere a fuoco lento per 1 minuto. Se la salsa deve addensarsi, mescolare la maizena con un po' di acqua fredda, unirla alla salsa e cuocere a fuoco lento, mescolando, finché la salsa non si addensa.

Nel frattempo, scaldare l'olio e friggere il pesce fino a doratura. Scolare bene. Immergere i pezzi di pesce nella marinata e adagiarli su un piatto caldo. Servire caldo o freddo.

funghi al vapore

Serve 4

12 funghi secchi cappella grande

225 g di polpa di granchio

3 castagne d'acqua, tritate

2 cipollotti (scalogno), tritati finemente

1 albume d'uovo

15 ml / 1 cucchiaio di farina di mais (amido di mais)

15 ml / 1 cucchiaio di salsa di soia

15 ml / 1 cucchiaio di vino di riso o sherry secco

Mettere a bagno i funghi in acqua tiepida per una notte. Premere a secco. Mescolare gli altri ingredienti e riempire le cappelle dei funghi. Mettere su una griglia a vapore e cuocere a vapore per 40 minuti. Servire caldo.

Funghi in salsa di ostriche

Serve 4

10 funghi cinesi secchi
250 ml / 8 fl oz / 1 tazza di brodo di manzo
15 ml / 1 cucchiaio di farina di mais (amido di mais)
30 ml / 2 cucchiai di salsa di ostriche
5 ml / 1 cucchiaino di vino di riso o sherry secco

Mettere a bagno i funghi in acqua tiepida per 30 minuti, quindi scolarli e mettere da parte 250 ml / 8 fl oz / 1 tazza del liquido di ammollo. Scartare i gambi. Mescolare 60 ml / 4 cucchiai di brodo di manzo con l'amido di mais fino ad ottenere una pasta. Bollire il restante brodo di manzo con i funghi e il liquido dei funghi, coprire e cuocere a fuoco lento per 20 minuti. Togliere i funghi dal liquido con una schiumarola e metterli su un piatto caldo. Aggiungere la salsa di ostriche e lo sherry nella padella e cuocere a fuoco lento, mescolando, per 2 minuti. Aggiungere l'amido di mais e cuocere a fuoco basso, mescolando, finché la salsa non si addensa. Versare sopra i funghi e servire subito.

Rotolo di maiale e insalata

Serve 4

4 funghi cinesi secchi
15 ml / 1 cucchiaio di olio di arachidi (arachidi).
225 g di maiale magro, tritato
100 g di germogli di bambù tritati
100 g di castagne d'acqua tritate finemente
4 cipollotti (scalogno), tritati
175 g di polpa di granchio, in scaglie
30 ml / 2 cucchiai di vino di riso o sherry secco
15 ml / 1 cucchiaio di salsa di soia
10 ml / 2 cucchiaini di salsa di ostriche
10 ml / 2 cucchiaini di olio di sesamo
9 lettere cinesi

Immergere i funghi in acqua tiepida per 30 minuti, quindi filtrare. Rimuovere i gambi e tagliare le cappelle. Scaldare l'olio e friggere il maiale per 5 minuti. Aggiungere i funghi, i germogli di bambù, le castagne d'acqua, i cipollotti e la polpa di granchio e friggere per 2 minuti. Unire il vino o lo sherry, la salsa di soia, la salsa di ostriche e l'olio di sesamo e mescolare nella padella.

Togliere dal fuoco. Nel frattempo, sbollentare le foglie cinesi in acqua bollente per 1 minuto.

canale. Mettere un cucchiaio di composto di carne di maiale al centro di ogni foglio, piegare i lati e arrotolare per servire.

Polpette di maiale e castagne

Serve 4

450 g di carne macinata di maiale (tritata).
50 g di funghi, tritati finemente
50 g di castagne d'acqua, tritate
1 spicchio d'aglio, schiacciato
1 uovo sbattuto
30 ml / 2 cucchiai di salsa di soia
15 ml / 1 cucchiaio di vino di riso o sherry secco
5 ml / 1 cucchiaino di radice di zenzero macinata
5 ml / 1 cucchiaino di zucchero
Sale
30 ml / 2 cucchiai di farina di mais (amido di mais)
friggiamo l'olio

Mescolare tutti gli ingredienti tranne l'amido di mais e formare delle palline dalla massa. Arrotolare l'amido di mais. Riscaldare l'olio e friggere le polpette fino a doratura in circa 10 minuti. Scolare bene prima di servire.

Gnocchi di maiale

4-6 porzioni

450 g di farina (per tutti gli usi).

500 ml / 17 fl oz / 2 tazze d'acqua

450 g di carne di maiale bollita tritata

225 g di gamberi sgusciati, tagliati a pezzetti

4 gambi di sedano, tritati

15 ml / 1 cucchiaio di salsa di soia

15 ml / 1 cucchiaio di vino di riso o sherry secco

15 ml / 1 cucchiaio di olio di sesamo

5 ml / 1 cucchiaino di sale

2 cipollotti (scalogno), tritati finemente

2 spicchi d'aglio, tritati

1 fetta di radice di zenzero, tritata

Impastate la farina e l'acqua fino ad ottenere un impasto morbido e impastate bene. Coprite e lasciate riposare per 10 minuti. Stendere la pasta il più sottile possibile e tagliarla in cerchi di 5 cm. Mescolare tutti gli altri ingredienti. Mettere un cucchiaio del composto in ogni cerchio, inumidire i bordi e chiudere a semicerchio. Far bollire una pentola d'acqua, quindi immergere con cura gli gnocchi nell'acqua.

Polpette di maiale e manzo

Serve 4

100 g di carne di maiale macinata (tritata).
100 g di manzo macinato (tritato).
1 fetta di pancetta grattugiata, tritata (tritata)
15 ml / 1 cucchiaio di salsa di soia
sale pepe
1 uovo sbattuto
30 ml / 2 cucchiai di farina di mais (amido di mais)
friggiamo l'olio

Mescolare la carne macinata e la pancetta insieme e condire con sale e pepe. Amalgamate con l'uovo, formate delle palline della grandezza di una noce e cospargetele di amido di mais. Scaldare l'olio e friggere fino a doratura. Scolare bene prima di servire.

gamberi farfalla

Serve 4

450 g di gamberi grandi sgusciati
15 ml / 1 cucchiaio di salsa di soia
5 ml / 1 cucchiaino di vino di riso o sherry secco
5 ml / 1 cucchiaino di radice di zenzero macinata
2,5 ml / ¬Ω cucchiaino di sale
2 uova sbattute
30 ml / 2 cucchiai di farina di mais (amido di mais)
15 ml/1 cucchiaio di farina (per tutti gli usi).
friggiamo l'olio

Tagliare i gamberi al centro del lombo e stenderli a forma di farfalla. Mescolare la salsa di soia, il vino o lo sherry, lo zenzero e il sale. Versare sopra i gamberi e marinare per 30 minuti. Togliere dalla marinata e asciugare. Sbattete l'uovo con la maizena e la farina fino ad ottenere un impasto, e immergete i gamberi nell'impasto. Scaldare l'olio e friggere i gamberi fino a doratura. Scolare bene prima di servire.

gambero cinese

Serve 4

450 g di gamberi sgusciati
30 ml / 2 cucchiai di salsa Worcestershire
15 ml / 1 cucchiaio di salsa di soia
15 ml / 1 cucchiaio di vino di riso o sherry secco
15 ml / 1 cucchiaio di zucchero di canna

Metti i gamberi in una ciotola. Mescolare gli altri ingredienti, versare sui gamberi e marinare per 30 minuti. Mettere su una teglia foderata con carta da forno e cuocere in forno preriscaldato a 150¬∞C / 300¬∞F / gas mark 2 per 25 minuti. Servire caldo o freddo con le vongole a piacere degli ospiti.

nuvole di drago

Serve 4

100 g di cracker di gamberi
friggiamo l'olio

Riscaldare l'olio molto caldo. Aggiungi una manciata di cracker di gamberi alla volta e friggi per alcuni secondi fino a quando non si gonfiano. Togliere dall'olio e scolare su carta da cucina mentre si cuociono i biscotti.

gamberi croccanti

Serve 4

450 g granchio tigre sgusciato
15 ml / 1 cucchiaio di vino di riso o sherry secco
10 ml / 2 cucchiaini di salsa di soia
5 ml / 1 cucchiaino di cinque spezie in polvere
sale pepe
90 ml / 6 cucchiai di farina di mais (amido di mais)
2 uova sbattute
100 gr di pangrattato
olio di arachidi per friggere

Mescolare i gamberi con vino o sherry, salsa di soia e cinque spezie in polvere, quindi condire con sale e pepe. Passatele nella farina di mais, poi nell'uovo sbattuto e nel pangrattato. Friggere in olio bollente fino a doratura in pochi minuti, scolare e servire subito.

Gamberi con salsa allo zenzero

Serve 4

15 ml / 1 cucchiaio di salsa di soia
5 ml / 1 cucchiaino di vino di riso o sherry secco
5 ml / 1 cucchiaino di olio di sesamo
450 g di gamberi sgusciati
30 ml / 2 cucchiai di prezzemolo fresco tritato
15 ml / 1 cucchiaio di aceto di vino
5 ml / 1 cucchiaino di radice di zenzero macinata

Mescolare la salsa di soia, il vino o lo sherry e l'olio di sesamo. Versare sopra i gamberi, coprire e marinare per 30 minuti. Grigliare i gamberi per qualche minuto fino a quando non sono cotti, quindi cospargere con la marinata. Nel frattempo, mescolare il prezzemolo, l'aceto di vino e lo zenzero insieme ai gamberi.

Involtini di pasta e gamberi

Serve 4

50 g di pasta all'uovo tagliata a pezzi

15 ml / 1 cucchiaio di olio di arachidi (arachidi).

50 g di maiale magro, tritato finemente

100 g di funghi tritati finemente

3 cipollotti (scalogno), tritati

100 g di gamberi sgusciati, tagliati a pezzetti

15 ml / 1 cucchiaio di vino di riso o sherry secco

sale pepe

24 pelli wonton

1 uovo sbattuto

friggiamo l'olio

Cuocete la pasta in acqua bollente per 5 minuti, poi scolatela e tagliatela a pezzetti. Scaldare l'olio e friggere il maiale per 4 minuti. Aggiungere i funghi e le cipolle e soffriggere per 2 minuti, quindi togliere dal fuoco. Aggiungere i gamberi, il vino o lo sherry e la pasta e condire con sale e pepe a piacere. Mettere un cucchiaio di composto al centro di ogni sfoglia di wonton e spennellare i bordi con l'uovo sbattuto. Piegare i bordi, quindi arrotolare la carta da regalo, sigillando i bordi. Scaldare l'olio e friggere gli involtini

pochi alla volta per circa 5 minuti fino a doratura. Scolare su carta da cucina prima di servire.

toast ai gamberetti

Serve 4

2 uova 450 g di gamberi sgusciati, tagliati a pezzetti

15 ml / 1 cucchiaio di farina di mais (amido di mais)

1 cipolla, tritata finemente

30 ml / 2 cucchiai di salsa di soia

15 ml / 1 cucchiaio di vino di riso o sherry secco

5 ml / 1 cucchiaino di sale

5 ml / 1 cucchiaino di radice di zenzero macinata

8 fette di pane, tagliate a triangoli

friggiamo l'olio

Mescolare 1 uovo con il resto degli ingredienti, tranne il pane e l'olio. Versare il composto sui triangoli di pane e premere la cupola verso il basso. Dipingi con l'uovo rimanente. Scaldare circa 5 cm di olio e friggere i cubetti di pane triangolari fino a doratura. Scolare bene prima di servire.

Wonton di maiale e gamberi con salsa agrodolce

Serve 4

120 ml / 4 fl oz / ¬Ω tazza d'acqua

60 ml / 4 cucchiai di aceto di vino

60 ml / 4 cucchiai di zucchero di canna

30 ml / 2 cucchiai di concentrato di pomodoro √ © e (pasta)

10 ml / 2 cucchiaini di farina di mais (amido di mais)

25 g di funghi tritati finemente

25 g di gamberi sgusciati, tritati

50 g di maiale magro tritato

2 cipollotti (scalogno), tritati

5 ml / 1 cucchiaino di salsa di soia

2,5 ml / ¬Ω cucchiaino di radice di zenzero grattugiata

1 spicchio d'aglio, schiacciato

24 pelli wonton

friggiamo l'olio

Mescolare in una padella l'acqua, l'aceto di vino, lo zucchero, il concentrato di pomodoro e l'amido di mais. Portare a ebollizione, mescolando continuamente, quindi cuocere a fuoco basso per 1 minuto. Togliere dal fuoco e tenere al caldo.

Mescolare i funghi, i gamberi, il maiale, lo scalogno, la salsa di soia, lo zenzero e l'aglio. Versare un cucchiaio di ripieno in ogni pelle, spennellare i bordi con acqua e premere verso il basso. Scaldare l'olio e friggere i wonton uno per uno fino a doratura. Scolare su carta da cucina e servire caldo con salsa agrodolce.

Zuppa di pollo

2 litri / 3½ punti / 8½ tazze

1,5 kg di ossa di pollo cotte o crude

450 g di ossa di maiale

1 cm / ½ radice di zenzero a pezzetti

3 cipollotti (scalogno), affettati

1 spicchio d'aglio, schiacciato

5 ml / 1 cucchiaino di sale

2,25 litri / 4pt / 10 bicchieri d'acqua

Bollire tutti gli ingredienti, coprire e cuocere a fuoco lento per 15 minuti. Rimuovere il grasso. Coprire e cuocere a fuoco basso per un'ora e mezza. Filtrare, raffreddare e schiumare. Congelare in piccole porzioni o conservare in frigorifero e consumare entro 2 giorni.

Zuppa di maiale e germogli di soia

Serve 4

450 g di macinato di maiale
1,5 l / 2½ pt / 6 tazze di brodo di pollo
5 fette di radice di zenzero
350 g di germogli di soia
15 ml / 1 cucchiaio di sale

Sbollentare la carne di maiale in acqua bollente per 10 minuti, quindi scolarla. Portare a ebollizione il brodo e aggiungere la carne di maiale e lo zenzero. Coprire e cuocere a fuoco basso per 50 minuti. Aggiungere i germogli di soia e il sale e cuocere a fuoco lento per 20 minuti.

Zuppa di abalone e funghi

Serve 4

60 ml / 4 cucchiai di olio di arachidi (arachidi).
100 g di maiale magro tagliato a listarelle
225 g di abalone in scatola, tagliato a listarelle
100 g di funghi, affettati
2 gambi di sedano, affettati
50 g di prosciutto, tagliato a listarelle
2 cipolle, affettate
1,5 l / 2½ pt / 6 tazze d'acqua
30 ml / 2 cucchiai di aceto di vino
45 ml / 3 cucchiai di salsa di soia
2 fette di radice di zenzero, tritate
sale e pepe macinato fresco
15 ml / 1 cucchiaio di farina di mais (amido di mais)
45 ml / 3 cucchiai d'acqua

Scaldare l'olio e friggere il maiale, l'abalone, i funghi, il sedano, il prosciutto e la cipolla per 8 minuti. Aggiungere l'acqua e l'aceto di vino, portare ad ebollizione, coprire e cuocere a fuoco lento per 20 minuti. Aggiungere la salsa di soia, lo zenzero, il sale e il pepe. Mescolare l'amido di mais fino a ottenere una pasta acqua, versare nella zuppa e cuocere a fuoco lento per 5 minuti, mescolando, fino a quando la zuppa si schiarisce e si addensa.

Zuppa di pollo e asparagi

Serve 4

100 g di pollo, tritato

2 albumi d'uovo

2,5 ml/½ cucchiaino di sale

30 ml / 2 cucchiai di farina di mais (amido di mais)

225 g di asparagi, tagliati a pezzi di 5 cm

100 g di germogli di soia

1,5 l / 2½ pt / 6 tazze di brodo di pollo

100 g di funghi prataioli

Amalgamate il pollo con gli albumi, il sale e la maizena e lasciate riposare per 30 minuti. Cuocete il petto di pollo in acqua bollente per 10 minuti, poi scolatelo bene. Sbollentare gli asparagi in acqua bollente per 2 minuti, quindi scolarli. Sbollentare i germogli di soia in acqua bollente per 3 minuti, quindi filtrare. Versate il brodo in una padella capiente e aggiungete il pollo, gli asparagi, i funghi ei germogli di soia. Bollire e aggiustare di sale. Cuocere a fuoco lento per alcuni minuti per sviluppare i sapori e fino a quando le verdure sono morbide ma ancora croccanti.

Zuppa di manzo

Serve 4

225 g di carne macinata (tagliata a pezzetti).
15 ml / 1 cucchiaio di salsa di soia
15 ml / 1 cucchiaio di vino di riso o sherry secco
15 ml / 1 cucchiaio di farina di mais (amido di mais)
1,2 l / 2pt / 5 tazze di zuppa di pollo
5 ml / 1 cucchiaino di salsa di fagioli al peperoncino
sale pepe
2 uova sbattute
6 cipollotti (scalogno), tritati

Mescolare la carne con la salsa di soia, il vino o lo sherry e l'amido di mais. Aggiungere al brodo e portare a ebollizione lenta, mescolando. Aggiungere la salsa piccante di fagioli, sale e pepe a piacere, coprire e cuocere a fuoco lento per circa 10 minuti, mescolando di tanto in tanto. Aggiungere le uova e servire cosparso di cipollotti.

Zuppa cinese di manzo e foglie

Serve 4

200 g di manzo magro tagliato a listarelle
15 ml / 1 cucchiaio di salsa di soia
15 ml / 1 cucchiaio di olio di arachidi (arachidi).
1,5 l / 2½ pt / 6 tazze di brodo di manzo
5 ml / 1 cucchiaino di sale
2,5 ml / ½ cucchiaino di zucchero
½ testa di foglia cinese tagliata a pezzi

Mescolare la carne con la salsa di soia e l'olio e farla marinare per 30 minuti, mescolando di tanto in tanto. Portare a ebollizione il brodo con il sale e lo zucchero, aggiungere le foglie di cinese e cuocere a fuoco lento per circa 10 minuti fino a cottura quasi ultimata. Aggiungere la carne e cuocere a fuoco lento per altri 5 minuti.

Zuppa di cavoli

Serve 4

60 ml / 4 cucchiai di olio di arachidi (arachidi).

2 cipolle, tritate

100 g di maiale magro tagliato a listarelle

225 g di cavolo cinese, grattugiato

10 ml / 2 cucchiaini di zucchero

1,2 l / 2pt / 5 tazze di zuppa di pollo

45 ml / 3 cucchiai di salsa di soia

sale pepe

15 ml / 1 cucchiaio di farina di mais (amido di mais)

Scaldare l'olio e soffriggere la cipolla e il maiale fino a doratura. Aggiungere il cavolo e lo zucchero e friggere per 5 minuti. Aggiungere il brodo e la salsa di soia e condire con sale e pepe a piacere. Portare a ebollizione, coprire e cuocere a fuoco lento per 20 minuti. Mescolare la maizena con un po' d'acqua, unirla alla zuppa e cuocere a fuoco lento fino a quando la zuppa si addensa e diventa trasparente.

Zuppa di manzo piccante

Serve 4

45 ml / 3 cucchiai di olio di arachidi (arachidi).
1 spicchio d'aglio, schiacciato
5 ml / 1 cucchiaino di sale
225 g di carne macinata (tagliata a pezzetti).
6 cipollotti (scalogno), tagliati a listarelle
1 peperone rosso tagliato a listarelle
1 peperone verde, tagliato a listarelle
225 g di cavolo tritato finemente
1 l / 1¾pt / 4¼ tazze di brodo di manzo
30 ml / 2 cucchiai di salsa di prugne
30 ml / 2 cucchiai di salsa hoisin
45 ml / 3 cucchiai di salsa di soia
2 fette di zenzero, senza gambo, tritate finemente
2 uova
5 ml / 1 cucchiaino di olio di sesamo
225 g di pasta trasparente ammollata

Scaldare l'olio e soffriggere l'aglio e il sale fino a doratura. Aggiungere la carne e soffriggere velocemente. Aggiungere le verdure e cuocere a fuoco lento finché non diventano traslucide. Aggiungere il brodo, la salsa di prugne, la salsa hoisin, 30 ml/2

un cucchiaio di salsa di soia e zenzero, far bollire e cuocere a fuoco lento per 10 minuti. Sbattere le uova con l'olio di sesamo e la restante salsa di soia. Aggiungilo alla zuppa di noodle e cuoci, mescolando, fino a quando l'uovo diventa filante e gli spaghetti sono morbidi.

zuppa celeste

Serve 4

2 cipollotti (scalogno), tritati
1 spicchio d'aglio, schiacciato
30 ml / 2 cucchiai di prezzemolo fresco tritato
5 ml / 1 cucchiaino di sale
15 ml / 1 cucchiaio di olio di arachidi (arachidi).
30 ml / 2 cucchiai di salsa di soia
1,5 l / 2½ pt / 6 tazze d'acqua

Mescolare i cipollotti, l'aglio, il prezzemolo, il sale, l'olio e la salsa di soia. Far bollire l'acqua, versarvi sopra il composto di erba cipollina e lasciar riposare per 3 minuti.

Zuppa di pollo e germogli di bambù

Serve 4

2 cosce di pollo
30 ml / 2 cucchiai di olio di arachidi (arachidi).
5 ml / 1 cucchiaino di vino di riso o sherry secco
1,5 l / 2½ pt / 6 tazze di brodo di pollo
3 cipollotti, affettati
100 g di germogli di bambù tagliati a pezzi
5 ml / 1 cucchiaino di radice di zenzero macinata
Sale

Disossare il pollo e tagliare la carne a cubetti. Scaldare l'olio e friggere bene il petto di pollo su tutti i lati. Aggiungere il brodo, lo scalogno, i germogli di bambù e lo zenzero, portare a ebollizione e cuocere a fuoco lento per circa 20 minuti fino a quando il pollo è tenero. Aggiustare di sale prima di servire.

Zuppa di pollo e mais

Serve 4

1 l / 1¾ pt / 4¼ tazze di brodo di pollo
100 g di pollo tagliato a pezzetti
200 g di crema di mais dolce
affettare il prosciutto e tagliarlo a pezzetti
uovo sbattuto
15 ml / 1 cucchiaio di vino di riso o sherry secco

Portare a ebollizione il brodo e il pollo, coprire e cuocere a fuoco lento per 15 minuti. Aggiungere il mais dolce e il prosciutto, coprire e cuocere a fuoco lento per 5 minuti. Aggiungere l'uovo e lo sherry, mescolando lentamente con un bastoncino in modo che le uova formino dei fili. Togliere dal fuoco, coprire e lasciare riposare per 3 minuti prima di servire.

Zuppa di pollo e zenzero

Serve 4

4 funghi cinesi secchi
1,5 l / 2½ pt / 6 tazze di acqua o brodo di pollo
225 g di pollo tagliato a cubetti
10 fette di radice di zenzero
5 ml / 1 cucchiaino di vino di riso o sherry secco
Sale

Immergere i funghi in acqua tiepida per 30 minuti, quindi filtrare. Scartare i gambi. Portare a ebollizione l'acqua o il brodo con il resto degli ingredienti e cuocere a fuoco lento per circa 20 minuti, finché il pollo non sarà tenero.

Zuppa di pollo ai funghi cinesi

Serve 4

25 g di funghi cinesi secchi
100 g di pollo, tritato
50 g di germogli di bambù, grattugiati
30 ml / 2 cucchiai di salsa di soia
30 ml / 2 cucchiai di vino di riso o sherry secco
1,2 l / 2pt / 5 tazze di zuppa di pollo

Immergere i funghi in acqua tiepida per 30 minuti, quindi filtrare. Rimuovere i gambi e tagliare le cime. Sbollentare i funghi, il pollo e i germogli di bambù in acqua bollente per 30 secondi, quindi scolarli. Metterli in una ciotola e mescolare la salsa di soia e il vino o lo sherry. Lasciar marinare per 1 ora. Bollire il brodo, aggiungere il composto di pollo e la marinata. Mescolare bene e cuocere a fuoco lento per qualche minuto fino a quando il pollo è tenero.

Zuppa di pollo e riso

Serve 4

1 l / 1¾ pt / 4¼ tazze di brodo di pollo

225 g / 8 once / 1 tazza di riso cotto a grani lunghi

100 g di pollo bollito tagliato a listarelle

1 cipolla, tagliata ad anelli

5 ml / 1 cucchiaino di salsa di soia

Riscaldare tutti gli ingredienti fino a caldo senza far bollire la zuppa.

Zuppa di pollo e cocco

Serve 4

350 g di petto di pollo

Sale

10 ml / 2 cucchiaini di farina di mais (amido di mais)

30 ml / 2 cucchiai di olio di arachidi (arachidi).

1 peperoncino verde, tritato

1 l / 1¾pt / 4¼ tazze di latte di cocco

5 ml / 1 cucchiaino di scorza di limone

12 litchi

un pizzico di noce moscata grattugiata

sale e pepe macinato fresco

2 foglie di citronella

Tagliare il petto di pollo in diagonale dal parmigiano a listarelle. Cospargere di sale e coprire con amido di mais. Scaldate 10 ml/2 cucchiaini di olio in un wok, girate e versate. Ripeti ancora una volta. Riscaldare l'olio rimanente e friggere il pollo e il peperoncino per 1 minuto. Aggiungere il latte di cocco e portare a ebollizione. Aggiungere la scorza di limone e cuocere a fuoco basso per 5 minuti. Aggiungere il litchi, condire con noce moscata, sale e pepe e servire guarnendo con citronella.

Zuppa di vongole

Serve 4

2 funghi cinesi secchi
12 vongole ammollate e pulite
1,5 l / 2½ pt / 6 tazze di brodo di pollo
50 g di germogli di bambù, grattugiati
50 g di piselli dolci tagliati a metà
2 cipollotti (scalogno), tagliati ad anelli
15 ml / 1 cucchiaio di vino di riso o sherry secco
pizzico di pepe macinato fresco

Immergere i funghi in acqua tiepida per 30 minuti, quindi filtrare. Rimuovere i gambi e tagliare le cime a metà. Cuocere a vapore le vongole per circa 5 minuti fino a quando non si aprono; scartare quelli che rimangono chiusi. Rimuovere le vongole dai loro gusci. Portare a ebollizione il brodo e aggiungere i funghi, i germogli di bambù, i piselli e i cipollotti. Cuocere scoperto per 2 minuti. Aggiungere le vongole, il vino o lo sherry, condire con pepe e cuocere a fuoco lento fino a quando non si sarà riscaldato.

zuppa di uova

Serve 4

1,2 l / 2pt / 5 tazze di zuppa di pollo
3 uova sbattute
45 ml / 3 cucchiai di salsa di soia
sale e pepe macinato fresco
4 cipollotti (scalogno), affettati

Bollire il brodo. Sbattete poco alla volta le uova sbattute in modo che diventino filanti. Aggiungere la salsa di soia e sale e pepe a piacere. Servire guarnendo con l'erba cipollina.

Zuppa di granchio e vongole

Serve 4

4 funghi cinesi secchi
15 ml / 1 cucchiaio di olio di arachidi (arachidi).
1 uovo sbattuto
1,5 l / 2½ pt / 6 tazze di brodo di pollo
175 g di polpa di granchio, in scaglie
100 g di capesante sbucciate, a fette
100 g di germogli di bambù, a fette
2 cipollotti (scalogno), tritati
1 fetta di radice di zenzero, tritata
alcuni gamberi bolliti e sgusciati (opzionale)
45 ml / 3 cucchiai di farina di mais (amido di mais)
90 ml / 6 cucchiai di acqua
30 ml / 2 cucchiai di vino di riso o sherry secco
20 ml / 4 cucchiaini di salsa di soia
2 albumi d'uovo

Immergere i funghi in acqua tiepida per 30 minuti, quindi filtrare. Togliere i gambi e tagliare le cime a fettine sottili. Scaldate l'olio, aggiungete l'uovo e inclinate la padella in modo che l'uovo copra il fondo. artificioso

passarlo al setaccio, girarlo e cuocere anche l'altro lato. Togliere dallo stampo, arrotolare e tagliare a strisce sottili.

Portare a ebollizione il brodo, aggiungere funghi, strisce di uova, polpa di granchio, capesante, germogli di bambù, scalogno, zenzero e gamberi, se si utilizza. Ribolliamolo. Mescolare l'amido di mais con 60 ml/4 cucchiai di acqua, vino o sherry e salsa di soia e unire alla zuppa. Cuocere a fuoco basso, mescolando, fino a quando la zuppa si addensa. Montare a neve ferma gli albumi con l'acqua rimanente e versarli lentamente nella zuppa, mescolando energicamente.

zuppa di granchio

Serve 4

90 ml / 6 cucchiai di olio di arachidi (arachidi).
3 cipolle, tritate
225 g di polpa di granchio bianca e marrone
1 fetta di radice di zenzero, tritata
1,2 l / 2pt / 5 tazze di zuppa di pollo
150 ml / ¼ pt / bicchiere di vino di riso o sherry secco
45 ml / 3 cucchiai di salsa di soia
sale e pepe macinato fresco

Scaldare l'olio e soffriggere la cipolla fino a renderla morbida, ma non dorata. Aggiungere la polpa di granchio e lo zenzero e friggere per 5 minuti. Aggiungere il brodo, il vino o lo sherry e la salsa di soia, condire con sale e pepe. Portare a ebollizione, quindi cuocere a fuoco lento per 5 minuti.

Zuppa di pesce

Serve 4

225 g di filetto di pesce
1 fetta di radice di zenzero, tritata
15 ml / 1 cucchiaio di vino di riso o sherry secco
30 ml / 2 cucchiai di olio di arachidi (arachidi).
1,5 l / 2½ pt / 6 tazze di succo di pesce

Tagliare il pesce a listarelle sottili rispetto agli occhi. Mescolare lo zenzero, il vino o lo sherry e l'olio, aggiungere il pesce e mescolare delicatamente. Lasciare marinare per 30 minuti, mescolando di tanto in tanto. Bollire il brodo, aggiungere il pesce e cuocere a fuoco lento per 3 minuti.

Zuppa di pesce e insalata

Serve 4

225 g di filetto di pesce bianco
30 ml / 2 cucchiai di farina (per tutti gli usi).
sale e pepe macinato fresco
90 ml / 6 cucchiai di olio di arachidi (arachidi).
6 cipollotti (scalogno), affettati
100 g di lattuga tritata
1,2 l / 2pt / 5 tazze d'acqua
10 ml / 2 cucchiaini di radice di zenzero tritata finemente
150 ml di vino di riso o sherry secco
30 ml / 2 cucchiai di farina di mais (amido di mais)
30 ml / 2 cucchiai di prezzemolo fresco tritato
10 ml / 2 cucchiaini di succo di limone
30 ml / 2 cucchiai di salsa di soia

Tagliate il pesce a listarelle sottili e passatelo nella farina insaporita. Scaldare l'olio e soffriggere il cipollotto fino a renderlo morbido. Aggiungere l'insalata e cuocere a fuoco lento per 2 minuti. Aggiungere il pesce e cuocere per 4 minuti. Aggiungere l'acqua, lo zenzero e il vino o lo sherry, portare a ebollizione, coprire e cuocere a fuoco lento per 5 minuti.

Mescolare l'amido di mais con un po' d'acqua, quindi aggiungerlo alla zuppa. Cuocere a fuoco lento, mescolando, per altri 4 minuti, finché la zuppa non si ferma

sciacquare, quindi condire con sale e pepe. Servire cosparso di prezzemolo, succo di limone e salsa di soia.

Zuppa di zenzero con polpette

Serve 4

5 cm / 2 pezzi di radice di zenzero, grattugiata
350 g di zucchero di canna
1,5 l / 2½ pt / 7 tazze d'acqua
225 g / 8 once / 2 tazze di farina di riso
2,5 ml/½ cucchiaino di sale
60 ml / 4 cucchiai d'acqua

Mettere lo zenzero, lo zucchero e l'acqua in una casseruola e mescolare. Coprire e cuocere per circa 20 minuti. Scolare la zuppa e rimetterla nella padella.

Nel frattempo mettete in una ciotola la farina e il sale, quindi impastate a poco a poco con acqua quanto basta per ottenere un impasto denso. Formate delle palline e versate gli gnocchi nella zuppa. Portare a ebollizione la zuppa, coprire e cuocere per altri 6 minuti fino a quando gli gnocchi saranno teneri.

zuppa calda e acida

Serve 4

8 funghi cinesi secchi
1 l / 1¾ pt / 4¼ tazze di brodo di pollo
100 g di pollo tagliato a listarelle
100 g di germogli di bambù tagliati a listarelle
100 g di tofu tagliato a listarelle
15 ml / 1 cucchiaio di salsa di soia
30 ml / 2 cucchiai di aceto di vino
30 ml / 2 cucchiai di farina di mais (amido di mais)
2 uova sbattute
qualche goccia di olio di sesamo

Immergere i funghi in acqua tiepida per 30 minuti, quindi filtrare. Togliere i gambi e tagliare le cappelle a striscioline. Portare a ebollizione i funghi, il brodo, il pollo, i germogli di bambù e il tofu, coprire e cuocere a fuoco lento per 10 minuti. Mescolare la salsa di soia, l'aceto di vino e l'amido di mais fino a che liscio, aggiungere alla zuppa e cuocere a fuoco lento per 2 minuti fino a quando la zuppa è chiara. Aggiungere gradualmente l'uovo e l'olio di sesamo, mescolare con un bastoncino. Coprire e lasciare riposare per 2 minuti prima di servire.

Zuppa di funghi

Serve 4

15 funghi cinesi secchi
1,5 l / 2½ pt / 6 tazze di brodo di pollo
5 ml / 1 cucchiaino di sale

Mettete a bagno i funghi in acqua tiepida per 30 minuti, quindi scolateli conservando il liquido. Rimuovere i gambi e tagliare a metà le cime se grandi e metterle in un grande piatto resistente al calore. Metti il contenitore su una griglia in un piroscafo. Portare a ebollizione il brodo, versarlo sui funghi, coprire e cuocere a fuoco lento in acqua bollente per 1 ora. Aggiustare di sale e servire.

Zuppa di funghi e cavolo

Serve 4

25 g di funghi cinesi secchi
15 ml / 1 cucchiaio di olio di arachidi (arachidi).
50 g di foglie cinesi tritate
15 ml / 1 cucchiaio di vino di riso o sherry secco
15 ml / 1 cucchiaio di salsa di soia
1,2 l / 2 punti / 5 tazze di pollo o zuppa di verdure
sale e pepe macinato fresco
5 ml / 1 cucchiaino di olio di sesamo

Immergere i funghi in acqua tiepida per 30 minuti, quindi filtrare. Rimuovere i gambi e tagliare le cime. Riscaldare l'olio e friggere i funghi e le foglie cinesi per 2 minuti finché non saranno ben ricoperti. Versare sopra il vino o lo sherry e la salsa di soia, quindi aggiungere il brodo. Portare a ebollizione, condire con sale e pepe, quindi cuocere a fuoco lento per 5 minuti. Cospargere con olio di sesamo prima di servire.

Zuppa di uova ai funghi

Serve 4

1 l / 1¾ pt / 4¼ tazze di brodo di pollo
30 ml / 2 cucchiai di farina di mais (amido di mais)
100 g di funghi, affettati
1 fetta di cipolla, tritata finemente
pizzico di sale
3 gocce di olio di sesamo
2,5 ml / ½ cucchiaino di salsa di soia
1 uovo sbattuto

Mescolare un po' di brodo con la maizena, poi amalgamare tutti gli ingredienti tranne l'uovo. Portare a ebollizione, coprire e cuocere a fuoco lento per 5 minuti. Aggiungere l'uovo, mescolando con un bastoncino, in modo che l'uovo formi delle stringhe. Togliere dal fuoco e lasciare riposare per 2 minuti prima di servire.

Zuppa di funghi e castagne con acqua

Serve 4

1 lt / 1¾ pt / 4¼ tazze di brodo vegetale o acqua
2 cipolle, tritate finemente
5 ml / 1 cucchiaino di vino di riso o sherry secco
30 ml / 2 cucchiai di salsa di soia
225 g di funghi porcini
100 g di castagne d'acqua, a fette
100 g di germogli di bambù, a fette
qualche goccia di olio di sesamo
2 foglie di lattuga, tagliate a pezzi
2 cipollotti (scalogno), a dadini

Portare a ebollizione l'acqua, la cipolla, il vino o lo sherry e la salsa di soia, coprire e cuocere a fuoco lento per 10 minuti. Aggiungere i funghi, le castagne d'acqua e i germogli di bambù, coprire e cuocere a fuoco lento per 5 minuti. Aggiungere l'olio di sesamo, le foglie di lattuga e i cipollotti, togliere dal fuoco, coprire e lasciare riposare per 1 minuto prima di servire.

Zuppa di maiale e funghi

Serve 4

60 ml / 4 cucchiai di olio di arachidi (arachidi).
1 spicchio d'aglio, schiacciato
2 cipolle, affettate
225 g di carne di maiale magra, tagliata a listarelle
1 gambo di sedano, tritato
50 g di funghi, a fette
2 carote, affettate
1,2 l / 2pt / 5 tazze di brodo di carne
15 ml / 1 cucchiaio di salsa di soia
sale e pepe macinato fresco
15 ml / 1 cucchiaio di farina di mais (amido di mais)

Scaldare l'olio e soffriggere l'aglio, la cipolla e la carne di maiale fino a quando la cipolla è morbida e leggermente dorata. Aggiungere il sedano, i funghi e le carote, coprire e cuocere a fuoco lento per 10 minuti. Portare a ebollizione il brodo, quindi versarlo nella padella con la salsa di soia e aggiustare di sale e pepe. Mescolate la maizena con un po' d'acqua, quindi versatela nella padella e fate sobbollire, mescolando, per circa 5 minuti.

Zuppa di maiale e crescione

Serve 4

1,5 l / 2½ pt / 6 tazze di brodo di pollo

100 g di maiale magro tagliato a listarelle

3 gambi di sedano, tagliati in diagonale

2 cipollotti (scalogno), affettati

1 mazzetto di crescione

5 ml / 1 cucchiaino di sale

Bollire il brodo, aggiungere la carne di maiale e il sedano, coprire e cuocere a fuoco lento per 15 minuti. Aggiungere i cipollotti, il crescione e il sale e cuocere a fuoco lento per circa 4 minuti.

Zuppa di cetrioli di maiale

Serve 4

100 g di maiale magro, affettato sottilmente
5 ml / 1 cucchiaino di farina di mais (amido di mais)
15 ml / 1 cucchiaio di salsa di soia
15 ml / 1 cucchiaio di vino di riso o sherry secco
1 cetriolo
1,5 l / 2½ pt / 6 tazze di brodo di pollo
5 ml / 1 cucchiaino di sale

Mescolare il maiale, l'amido di mais, la salsa di soia e il vino o lo sherry. Mescolare per ricoprire il maiale. Sbucciare il cetriolo e tagliarlo a metà nel senso della lunghezza, quindi eliminare i semi. Tagliare a fette spesse. Bollire il brodo, aggiungere la carne di maiale, coprire e cuocere a fuoco lento per 10 minuti. Aggiungere il cetriolo e soffriggere per alcuni minuti fino a quando non diventa traslucido. Aggiungere il sale e aggiungere un po' di salsa di soia se lo si desidera.

Zuppa con polpette e pasta

Serve 4

50 g di spaghetti di riso
225 g di carne di maiale macinata (tritata).
5 ml / 1 cucchiaino di farina di mais (amido di mais)
2,5 ml/½ cucchiaino di sale
30 ml / 2 cucchiai d'acqua
1,5 l / 2½ pt / 6 tazze di brodo di pollo
1 cipollotto (cipolla), tritato finemente
5 ml / 1 cucchiaino di salsa di soia

Mettere a bagno l'impasto in acqua fredda fino a formare le polpette. Amalgamate la carne di maiale, la maizena, un po' di sale e l'acqua e formate delle palline della grandezza di una noce. Mettete a bollire una pentola d'acqua, aggiungete le polpette di maiale, coprite e fate sobbollire per 5 minuti. Scolate bene e scolate la pasta. Portare a ebollizione il brodo, unire le polpette di maiale e la pasta, coprire e cuocere a fuoco lento per 5 minuti. Aggiungere lo scalogno, la salsa di soia e il sale rimanente e rosolare per altri 2 minuti.

Zuppa di spinaci e tofu

Serve 4

1,2 l / 2pt / 5 tazze di zuppa di pollo
200 g di pomodori in scatola, scolati e tritati
225 g di tofu a cubetti
225 g di spinaci, tritati
30 ml / 2 cucchiai di salsa di soia
5 ml / 1 cucchiaino di zucchero di canna
sale e pepe macinato fresco

Portare a ebollizione il brodo, quindi aggiungere i pomodori, il tofu e gli spinaci e mescolare delicatamente. Riportare a ebollizione e cuocere a fuoco lento per 5 minuti. Aggiungere la salsa di soia e lo zucchero e condire con sale e pepe a piacere. Cuocere a fuoco lento per 1 minuto prima di servire.

Succo di mais dolce e granchio

Serve 4

1,2 l / 2pt / 5 tazze di zuppa di pollo
200 g di mais dolce
sale e pepe macinato fresco
1 uovo sbattuto
200 g di polpa di granchio, a scaglie
3 scalogni, tritati

Portare a ebollizione il brodo, aggiungere il mais dolce e condire con sale e pepe. Cuocere a fuoco basso per 5 minuti. Poco prima di servire, sbattere le uova con una forchetta e sbatterle sopra la zuppa. Servire cosparso di polpa di granchio e scalogno tritato.

Zuppa di Szechuan

Serve 4

4 funghi cinesi secchi
1,5 l / 2½ pt / 6 tazze di brodo di pollo
75 ml / 5 cucchiai di vino bianco secco
15 ml / 1 cucchiaio di salsa di soia
2,5 ml / ½ cucchiaino di salsa piccante
30 ml / 2 cucchiai di farina di mais (amido di mais)
60 ml / 4 cucchiai d'acqua
100 g di maiale magro tagliato a listarelle
50 g di prosciutto cotto tagliato a striscioline
1 peperone rosso tagliato a listarelle
50 g di castagne d'acqua, a fette
10 ml / 2 cucchiaini di aceto di vino
5 ml / 1 cucchiaino di olio di sesamo
1 uovo sbattuto
100 g di gamberi sgusciati
6 cipollotti (scalogno), tritati
175 g di tofu a cubetti

Immergere i funghi in acqua tiepida per 30 minuti, quindi filtrare. Rimuovere i gambi e tagliare le cime. Porta il brodo, il vino, la soia

salsa e salsa di peperoncino, portare a ebollizione, coprire e cuocere a fuoco lento per 5 minuti. Mescolare l'amido di mais con metà dell'acqua e aggiungere alla zuppa, mescolando fino a che non sia densa. Aggiungere i funghi, il maiale, il prosciutto, il pepe e le castagne d'acqua e cuocere a fuoco lento per 5 minuti. Mescolare l'aceto di vino e l'olio di sesamo. Sbattere l'uovo con l'acqua rimanente e versarlo nella zuppa mescolando energicamente. Aggiungere i gamberi, lo scalogno e il tofu e rosolare per qualche minuto per riscaldare.

zuppa di tofu

Serve 4

1,5 l / 2½ pt / 6 tazze di brodo di pollo

225 g di tofu a cubetti

5 ml / 1 cucchiaino di sale

5 ml / 1 cucchiaino di salsa di soia

Portare a ebollizione il brodo e aggiungere il tofu, il sale e la salsa di soia. Cuocere a fuoco lento per alcuni minuti fino a quando il tofu è caldo.

Zuppa di pesce e tofu

Serve 4

225 g di filetto di pesce bianco tagliato a striscioline
150 ml di vino di riso o sherry secco
10 ml / 2 cucchiaini di radice di zenzero tritata finemente
45 ml / 3 cucchiai di salsa di soia
2,5 ml/½ cucchiaino di sale
60 ml / 4 cucchiai di olio di arachidi (arachidi).
2 cipolle, tritate
100 g di funghi, affettati
1,2 l / 2pt / 5 tazze di zuppa di pollo
100 g di tofu, tagliato a cubetti
sale e pepe macinato fresco

Metti il pesce in una ciotola. Mescolare il vino o lo sherry, lo zenzero, la salsa di soia e il sale e versare sul pesce. Lasciate marinare per 30 minuti. Scaldare l'olio e soffriggere la cipolla per 2 minuti. Aggiungere i funghi e continuare a soffriggere fino a quando le cipolle sono morbide ma non dorate. Aggiungere il pesce e la marinata, portare a ebollizione, coprire e cuocere a fuoco lento per 5 minuti. Aggiungere il brodo, riportare a ebollizione, coprire e cuocere a fuoco lento per 15 minuti.

Aggiungere il tofu e condire con sale e pepe a piacere. Cuocere fino a quando il tofu è cotto.

Zuppa di pomodoro

Serve 4

400 g di pomodori in scatola, scolati e tritati
1,2 l / 2pt / 5 tazze di zuppa di pollo
1 fetta di radice di zenzero, tritata
15 ml / 1 cucchiaio di salsa di soia
15 ml / 1 cucchiaio di salsa di peperoncino
10 ml / 2 cucchiaini di zucchero

Mettete tutti gli ingredienti in una casseruola e portate a ebollizione a fuoco basso, mescolando di tanto in tanto. Cuocere per circa 10 minuti prima di servire.

Zuppa di pomodoro e spinaci

Serve 4

1,2 l / 2pt / 5 tazze di zuppa di pollo

225 g di pomodori in scatola tritati

225 g di tofu a cubetti

225 g di spinaci

30 ml / 2 cucchiai di salsa di soia

sale e pepe macinato fresco

2,5 ml / ½ cucchiaino di zucchero

2,5 ml/½ cucchiaino di vino di riso o sherry secco

Portare a ebollizione il brodo, quindi aggiungere i pomodori, il tofu e gli spinaci e cuocere a fuoco lento per 2 minuti. Aggiungere il resto degli ingredienti, cuocere a fuoco lento per 2 minuti, quindi mescolare bene e servire.

zuppa di rape

Serve 4

1 l / 1¾ pt / 4¼ tazze di brodo di pollo
1 rapa grande, affettata sottilmente
200 g di maiale magro, affettato sottilmente
15 ml / 1 cucchiaio di salsa di soia
60 ml / 4 cucchiai di brandy
sale e pepe macinato fresco
4 scalogni, tritati finemente

Portare a ebollizione il brodo, aggiungere le rape e il maiale, coprire e cuocere a fuoco lento per 20 minuti fino a quando le rape sono tenere e la carne è tenera. Mescolare la salsa di soia e il brandy condire a piacere. Cuocere caldo e servire cosparso di scalogno.

Minestra

Serve 4

6 funghi cinesi secchi
1 lt / 1¾ pt / 4¼ tazze di brodo vegetale
50 g di germogli di bambù tagliati a listarelle
50 g di castagne d'acqua, a fette
8 piselli, affettati
5 ml / 1 cucchiaino di salsa di soia

Immergere i funghi in acqua tiepida per 30 minuti, quindi filtrare. Togliere i gambi e tagliare le cappelle a striscioline. Aggiungere al brodo con i germogli di bambù e le castagne d'acqua, portare a ebollizione, coprire e cuocere a fuoco lento per 10 minuti. Aggiungere le taccole e la salsa di soia, coprire e cuocere a fuoco lento per 2 minuti. Lasciare riposare per 2 minuti prima di servire.

zuppa vegetariana

Serve 4

¼ *cavolo*

2 carote

3 gambi di sedano

2 cipollotti (scalogno)

30 ml / 2 cucchiai di olio di arachidi (arachidi).

1,5 l / 2½ pt / 6 tazze d'acqua

15 ml / 1 cucchiaio di salsa di soia

15 ml / 1 cucchiaio di vino di riso o sherry secco

5 ml / 1 cucchiaino di sale

pepe appena macinato

Tagliare le verdure a listarelle. Scaldare l'olio e friggere le verdure per 2 minuti finché non iniziano ad ammorbidirsi. Aggiungere gli altri ingredienti, portare a ebollizione, coprire e cuocere a fuoco lento per 15 minuti.

zuppa di crescione

Serve 4

1 l / 1¾ pt / 4¼ tazze di brodo di pollo
1 cipolla, tritata finemente
1 gambo di sedano, tritato
225 g di crescione, tritato grossolanamente
sale e pepe macinato fresco

Portare a ebollizione il brodo, la cipolla e il sedano, coprire e cuocere a fuoco lento per 15 minuti. Aggiungere il crescione, coprire e cuocere a fuoco lento per 5 minuti. Condire con sale e pepe.

Pesce fritto con verdure

Serve 4

4 funghi cinesi secchi
4 pesci interi, puliti e senza squame
friggiamo l'olio
30 ml / 2 cucchiai di farina di mais (amido di mais)
45 ml / 3 cucchiai di olio di arachidi (arachidi).
100 g di germogli di bambù tagliati a listarelle
50 g di castagne d'acqua tagliate a striscioline
50 g di cavolo cinese, tritato
2 fette di radice di zenzero, tritate
30 ml / 2 cucchiai di vino di riso o sherry secco
30 ml / 2 cucchiai d'acqua
15 ml / 1 cucchiaio di salsa di soia
5 ml / 1 cucchiaino di zucchero
120 ml / 4 fl oz / ¬Ω tazza di succo di pesce
sale e pepe macinato fresco
¬Ω cespo di lattuga, grattugiato
15 ml / 1 cucchiaio di prezzemolo piatto tritato

Immergere i funghi in acqua tiepida per 30 minuti, quindi filtrare. Rimuovere i gambi e tagliare le cime. Tagliare il pesce a metà

farina di mais e scrollarsi di dosso l'eccesso. Scaldare l'olio e friggere il pesce per circa 12 minuti fino a cottura ultimata. Scolare su carta da cucina e tenere al caldo.

Scaldare l'olio e rosolare i funghi, i germogli di bambù, le castagne d'acqua e il cavolo per 3 minuti. Aggiungere lo zenzero, il vino o lo sherry, 15 ml/1 cucchiaio di acqua, la salsa di soia e lo zucchero e cuocere a fuoco lento per 1 minuto. Aggiungere il brodo, sale e pepe, portare a ebollizione, coprire e cuocere a fuoco lento per 3 minuti. Mescolare l'amido di mais con il resto dell'acqua, versarlo nella padella e cuocere a fuoco lento, mescolando, finché la salsa non si addensa. Disponete l'insalata su un piatto da portata e adagiatevi sopra il pesce. Versare sopra le verdure e la salsa e servire guarnendo con il prezzemolo.

Pesce intero fritto

Serve 4

1 grande branzino o pesce simile
45 ml / 3 cucchiai di farina di mais (amido di mais)
45 ml / 3 cucchiai di olio di arachidi (arachidi).
1 cipolla tritata finemente
2 spicchi d'aglio, tritati
50 g di prosciutto, tagliato a listarelle
100 g di gamberi sgusciati
15 ml / 1 cucchiaio di salsa di soia
15 ml / 1 cucchiaio di vino di riso o sherry secco
5 ml / 1 cucchiaino di zucchero
5 ml / 1 cucchiaino di sale

Coprire il pesce con l'amido di mais. Scaldare l'olio e soffriggere la cipolla e l'aglio fino a doratura. Aggiungere il pesce e friggere fino a doratura su entrambi i lati. Trasferire il pesce su un foglio di alluminio in una teglia e guarnire con il prosciutto e i gamberi. Aggiungere la salsa di soia, il vino o lo sherry, lo zucchero e il sale nella padella e mescolare bene. Versare sopra il pesce, chiudere la pellicola e cuocere in forno preriscaldato a 150∞C per 20 minuti.

Pesce di soia al vapore

Serve 4

1 grande branzino o pesce simile
Sale
50 g / 2 oz / ½ tazza di farina per tutti gli usi.
60 ml / 4 cucchiai di olio di arachidi (arachidi).
3 fette di radice di zenzero, tritate
3 cipollotti (scalogno), tritati
250 ml / 8 fl oz / 1 tazza di acqua
45 ml / 3 cucchiai di salsa di soia
15 ml / 1 cucchiaio di vino di riso o sherry secco
2,5 ml / ½ cucchiaino di zucchero

Pulire e squamare il pesce e tagliarlo in diagonale su entrambi i lati. Cospargere di sale e lasciare riposare per 10 minuti. Scaldare l'olio e friggere il pesce fino a doratura su entrambi i lati, girare una volta e cospargere di olio durante la frittura. Aggiungere lo zenzero, il cipollotto, l'acqua, la salsa di soia, il vino o lo sherry e lo zucchero, portare a ebollizione, coprire e cuocere a fuoco lento per 20 minuti fino a quando il pesce è tenero. Servire caldo o freddo.

Pesce di soia con salsa di ostriche

Serve 4

1 grande branzino o pesce simile

Sale

60 ml / 4 cucchiai di olio di arachidi (arachidi).

3 cipollotti (scalogno), tritati

2 fette di radice di zenzero, tritate

1 spicchio d'aglio, schiacciato

45 ml / 3 cucchiai di salsa di ostriche

30 ml / 2 cucchiai di salsa di soia

5 ml / 1 cucchiaino di zucchero

250 ml / 8 fl oz / 1 tazza di brodo di pesce

Pulire e calibrare il pesce e inciderlo in diagonale un paio di volte su entrambi i lati. Cospargere di sale e lasciare riposare per 10 minuti. Scaldare la maggior parte dell'olio e friggere il pesce fino a doratura su entrambi i lati, girando una volta. Nel frattempo, scaldare l'olio rimanente in una padella a parte e soffriggere il cipollotto, lo zenzero e l'aglio fino a doratura. Aggiungere la salsa di ostriche, la salsa di soia e lo zucchero e cuocere a fuoco lento per 1 minuto. Aggiungere il brodo e portare a bollore.

Versare il composto nel pesce dorado, riportare a ebollizione, coprire e cuocere a fuoco lento per ca.

15 minuti fino a quando il pesce è cotto, girando una o due volte durante la cottura.

branzino al vapore

Serve 4

1 grande branzino o pesce simile
2,25 l / 4 pezzi / 10 bicchieri d'acqua
3 fette di radice di zenzero, tritate
15 ml / 1 cucchiaio di sale
15 ml / 1 cucchiaio di vino di riso o sherry secco
30 ml / 2 cucchiai di olio di arachidi (arachidi).

Pulisci e squama il pesce e fai diversi tagli diagonali su entrambi i lati. Far bollire l'acqua in una pentola capiente e aggiungere il resto degli ingredienti. Immergere il pesce nell'acqua, coprire bene, spegnere il fuoco e lasciar riposare per 30 minuti fino a quando il pesce sarà tenero.

Pesce al vapore con funghi

Serve 4

4 funghi cinesi secchi
1 grande carpa o pesce simile
Sale
45 ml / 3 cucchiai di olio di arachidi (arachidi).
2 cipollotti (scalogno), tritati
1 fetta di radice di zenzero, tritata
3 spicchi d'aglio, tritati
100 g di germogli di bambù tagliati a listarelle
250 ml / 8 fl oz / 1 tazza di brodo di pesce
30 ml / 2 cucchiai di salsa di soia
15 ml / 1 cucchiaio di vino di riso o sherry secco
2,5 ml / ¬Ω cucchiaino di zucchero

Immergere i funghi in acqua tiepida per 30 minuti, quindi filtrare. Rimuovere i gambi e tagliare le cime. Fai diversi tagli diagonali su entrambi i lati del pesce, cospargi di sale e lascia riposare per 10 minuti. Scaldare l'olio e friggere il pesce fino a doratura su entrambi i lati. Aggiungere il cipollotto, lo zenzero e l'aglio e soffriggere per 2 minuti. Aggiungere gli altri ingredienti, portare ad ebollizione, coprire e cuocere a fuoco lento per 15 minuti fino a quando il pesce è tenero, girando una o due volte, mescolando di tanto in tanto.

pesce in agrodolce

Serve 4

1 grande branzino o pesce simile
1 uovo sbattuto
50 g di farina di mais (amido di mais)
friggiamo l'olio

Per la salsa:

15 ml / 1 cucchiaio di olio di arachidi (arachidi).
1 peperone verde, tagliato a listarelle
100 g di ananas sciroppato in scatola
1 cipolla, tagliata ad anelli
100 g / 4 once / ¬Ω tazza di zucchero di canna
60 ml / 4 cucchiai di brodo di pollo
60 ml / 4 cucchiai di aceto di vino
15 ml / 1 cucchiaio concentrato di pomodoro √ © e (pasta)
15 ml / 1 cucchiaio di farina di mais (amido di mais)
15 ml / 1 cucchiaio di salsa di soia
3 cipollotti (scalogno), tritati

Pulisci il pesce e, se lo desideri, rimuovi le pinne e la testa. Passatela sopra l'uovo sbattuto e poi sopra l'amido di mais. Scaldare l'olio e friggere il pesce fino a cottura ultimata. Scolare bene e tenere al caldo.

Per preparare la salsa, scaldare l'olio e soffriggere i peperoni, l'ananas sgocciolato e la cipolla per 4 minuti. Aggiungere 30 ml/2 cucchiai di sciroppo d'ananas, lo zucchero, il brodo, l'aceto di vino, il concentrato di pomodoro, l'amido di mais e la salsa di soia, quindi portare a ebollizione mescolando. Cuocere a fuoco lento, mescolando, fino a quando la salsa si schiarisce e si addensa. Versare sopra il pesce e servire cosparso di cipollotti.

Pesce ripieno di maiale

Serve 4

1 grande carpa o pesce simile

Sale

100 g di carne di maiale macinata (tritata).

1 cipollotto (cipolla), tritato finemente

4 fette di radice di zenzero, tritate

15 ml / 1 cucchiaio di farina di mais (amido di mais)

60 ml / 4 cucchiai di salsa di soia

15 ml / 1 cucchiaio di vino di riso o sherry secco

5 ml / 1 cucchiaino di zucchero

75 ml / 5 cucchiai di olio di arachidi (arachidi).

2 spicchi d'aglio, tritati

1 cipolla, affettata

300 ml / ¬Ω pt / 1¬° tazza d'acqua

Il pesce viene pulito, squamato e cosparso di sale. Mescolare il maiale, i cipollotti, un po' di zenzero, l'amido di mais, 15 ml/1 cucchiaio di salsa di soia, il vino o lo sherry e lo zucchero e utilizzare per farcire il pesce. Scaldare l'olio e friggere il pesce fino a doratura su entrambi i lati, quindi togliere dalla padella e scolare la maggior parte dell'olio. Aggiungere l'aglio e lo zenzero rimanenti e friggere fino a doratura.

Aggiungere la restante salsa di soia e l'acqua, portare a ebollizione e cuocere a fuoco lento per 2 minuti. Riportare il pesce nella padella, coprire e cuocere a fuoco lento per circa 30 minuti fino a quando il pesce è cotto, girando una o due volte.

Carpa speziata al vapore

Serve 4

1 grande carpa o pesce simile
150 ml / ¬° pt / tazza generosa ¬Ω olio di arachidi (arachidi).
15 ml / 1 cucchiaio di zucchero
2 spicchi d'aglio, tritati finemente
100 g di germogli di bambù, a fette
150 ml / ¬° pt / buona ¬Ω tazza di zuppa di pesce
15 ml / 1 cucchiaio di vino di riso o sherry secco
15 ml / 1 cucchiaio di salsa di soia
2 cipollotti (scalogno), tritati
1 fetta di radice di zenzero, tritata
15 ml / 1 cucchiaio di aceto di vino salato

Pulire e togliere le squame al pesce e lasciarlo in ammollo per qualche ora in acqua fredda. Scolare e asciugare, quindi tagliare entrambi i lati un paio di volte. Scaldate l'olio e friggete il pesce da entrambi i lati. Togliere dalla padella, versare e riservare tutto tranne 30 ml/2 cucchiai di olio. Aggiungi lo zucchero nella padella e mescola fino a quando diventa scuro. Aggiungere l'aglio e i germogli di bambù e mescolare bene. Aggiungere il resto degli ingredienti, portare a ebollizione, quindi rimettere il pesce nella padella, coprire e cuocere a fuoco lento per circa 15 minuti, fino a quando il pesce è tenero.

Disponete il pesce in una pentola calda e versateci sopra la salsa.

www.ingramcontent.com/pod-product-compliance
Lightning Source LLC
Chambersburg PA
CBHW071424080526
44587CB00014B/1737